二年生で習う漢字 160字

ページ	漢字
3~6	ア行 引羽雲園遠 カ行 何科夏家歌
7~10	画回会海絵外角楽活間
11~14	丸岩顔汽記帰弓牛魚京
15~18	強教近兄形計元言原戸
19~22	古午後語工公広交光考
23~26	行高黄合谷国黒今 サ行 才細
29~32	作算止市矢姉思紙寺自
33~36	時室社弱首秋週春書少
37~40	場色食心新親図数西声
41~44	星晴切雪船線前組走 タ行 多
45~48	太体台地池知茶昼長鳥
49~52	朝直通弟店点電刀冬当
53~56	東答頭同道読 ナ行 内南肉 ハ行 馬
59~62	売買麦半番父風分聞米
63~66	歩母方北 マ行 毎妹万明鳴毛
67~70	門 ヤ行 夜野友用曜 ラ行 来里理 ワ行 話
72~78	二年生の まとめ 1~7

JN081641

この本の使い方

☆おうちの方もお読みください☆

●この本は、二年生で習う漢字すべてが確実に読み・書きでき、覚えられるように作られています。

✎ **漢字表** ▶ 読み方・画数・部首・筆順をおぼえ、□には書く練習をしましょう。

漢字の読みに（　　）がついているものは、小学校では習わない読み方です。また、——は、音読みまたは訓読みのないことを示しています。

赤い文字は送りがなです。

✎ **よんでみましょう** ▶ 漢字表で覚えた読み方がきちんと身についたかどうか確かめるページです。

✎ **かいてみましょう** ▶ ここでは、漢字表で練習した書き方の成果が確かめられます。まちがえた漢字は、覚えるまで書く練習をしましょう。はねる部分、とめる部分にも注意しましょう。

✎ 〈よんでみましょう〉の答えは〈かいてみましょう〉に、〈かいてみましょう〉の答えは〈よんでみましょう〉にあります。

✎ **やってみましょう** ▶ 漢字の読み書きを終えたあとで、いろいろな問題にチャレンジするページです。

✎ **二年生のまとめ** ▶ 最後に一年間で習った漢字をまとめて確かめるページです。

✎ **答え** ▶ 〈やってみましょう〉〈二年生のまとめ〉の答えがあります。しっかり確認しましょう。

学習記録アプリ ほかの教材でも使えます。

まなサポ 学びサポート

●毎日の学習時間をスマホで記録
●学習時間をグラフでかくにん
●学習に応じたごほうびを設定できる

裏表紙のQR コードから、くわしいページにアクセスできます。 ※QRコードは（株）デンソーウェーブの登録商標です。

ひつじゅん 1 2 3 4 5　まちがえやすい　ところ…

…まちがえやすい　かん字

・…とめる　…はねる　…はらう　○…あける

引

イン　ひく　ひける

4かく

ことば：引用（いんよう）・引力（いんりょく）　つな引（ひ）き

ぶしゅ：弓（ゆみへん）

羽

（ウ）　は　はね

6かく

ことば：羽音（はおと）・羽根（はね）　鳥（とり）の羽（はね）

ぶしゅ：羽（はね）

雲

ウン　くも

12かく

ことば：雲海（うんかい）・星雲（せいうん）　雲間（くもま）・黒雲（くろくも）

ぶしゅ：雨（あめかんむり）

園

エン　（その）

13かく

ことば：園長（えんちょう）・入園（にゅうえん）　どうぶつ園（えん）

ぶしゅ：口（くにがまえ）

遠

エン　（オン）　とおい

13かく

ことば：遠足（えんそく）・遠方（えんぽう）　遠出（とおで）・遠回（とおまわ）り

ぶしゅ：辶（しんにょう）

ひつじゅん 1 2 3 4 5　まちがえやすい　ところ…

…まちがえやすい　かん字

何

(カ)　なに　なん

7かく

ぶしゅ：亻（にんべん）

ことば：何か（なにか）・何時（なんじ）・何人（なんにん）・何本（なんぼん）

科

カ

9かく

ぶしゅ：禾（のぎへん）

ことば：科学（かがく）・科目（かもく）・教科書（きょうかしょ）・理科（りか）

夏

カ　(ゲ)　なつ

10かく

ぶしゅ：夂（すいにょう）

ことば：夏期（かき）・しょ夏（か）・夏草（なつくさ）・夏休み（なつやすみ）

家

カ　ケ　いえ　や

10かく

ぶしゅ：宀（うかんむり）

ことば：家族（かぞく）・家来（けらい）・家（いえ）なみ

歌

カ　うた　うたう

14かく

ぶしゅ：欠（あくび）

ことば：歌手（かしゅ）・校歌（こうか）・歌声（うたごえ）

●…とめる　…はねる　…はらう　○…あける

よんでみましょう

月　日

1つ10てん

／100てん

10ぷん

① つな引きに　さんかする。

② きれいな　いろの　羽の　ちょう。

③ みんなで　どうぶつ園に　いく。

④ 山へ　遠足に　いく。

⑤ これは　何と　いう　花ですか。

⑥ 百科じてんで　しらべる。

⑦ 夏空に　白い　雲が　うかぶ。

⑧ 歌いながら　家に　かえる。

きほん

かいてみましょう

月　　日

1つ10てん

10ぷん

／100てん

① つな□(ひ)きに　さんかする。

② きれいな　いろの　□(はね)の　ちょう。

③ みんなで　どうぶつ□(えん)に　いく。

④ 山へ　□□(えんそく)に　いく。

⑤ これは　□(なん)と　いう　花ですか。

⑥ □□(ひゃっか)じてんで　しらべる。

⑦ □□(なつぞら)に　白い　□(くも)が　うかぶ。

⑧ □(うた)いながら　□(いえ)に　かえる。

ひつじゅん 1 2 3 4 5　まちがえやすい　ところ…

…まちがえやすい　かん字

	絵	海	会	回	画
読み	カイ エ	カイ うみ	カイ （エ） あう	カイ （エ） まわる まわす	ガ カク
かく数	12かく	9かく	6かく	6かく	8かく
ぶしゅ	糸（いとへん）	氵（さんずい）	人（ひとやね）	口（くにがまえ）	田（た）
ことば	絵画（かいが） 絵の具（えのぐ）・絵本（えほん）	海外（かいがい）・海岸（かいがん） 海の水（うみのみず）	運動会（うんどうかい）・会話（かいわ） 出会う（であう）	一回（いっかい）・回数（かいすう） 回り道（まわりみち）	えい画（えいが）・画家（がか） 画数（かくすう）・計画（けいかく）

●…とめる　…はねる　…はらう　○…あける

ひつじゅん 1 2 3 4 5　まちがえやすい ところ…

…まちがえやすい かん字

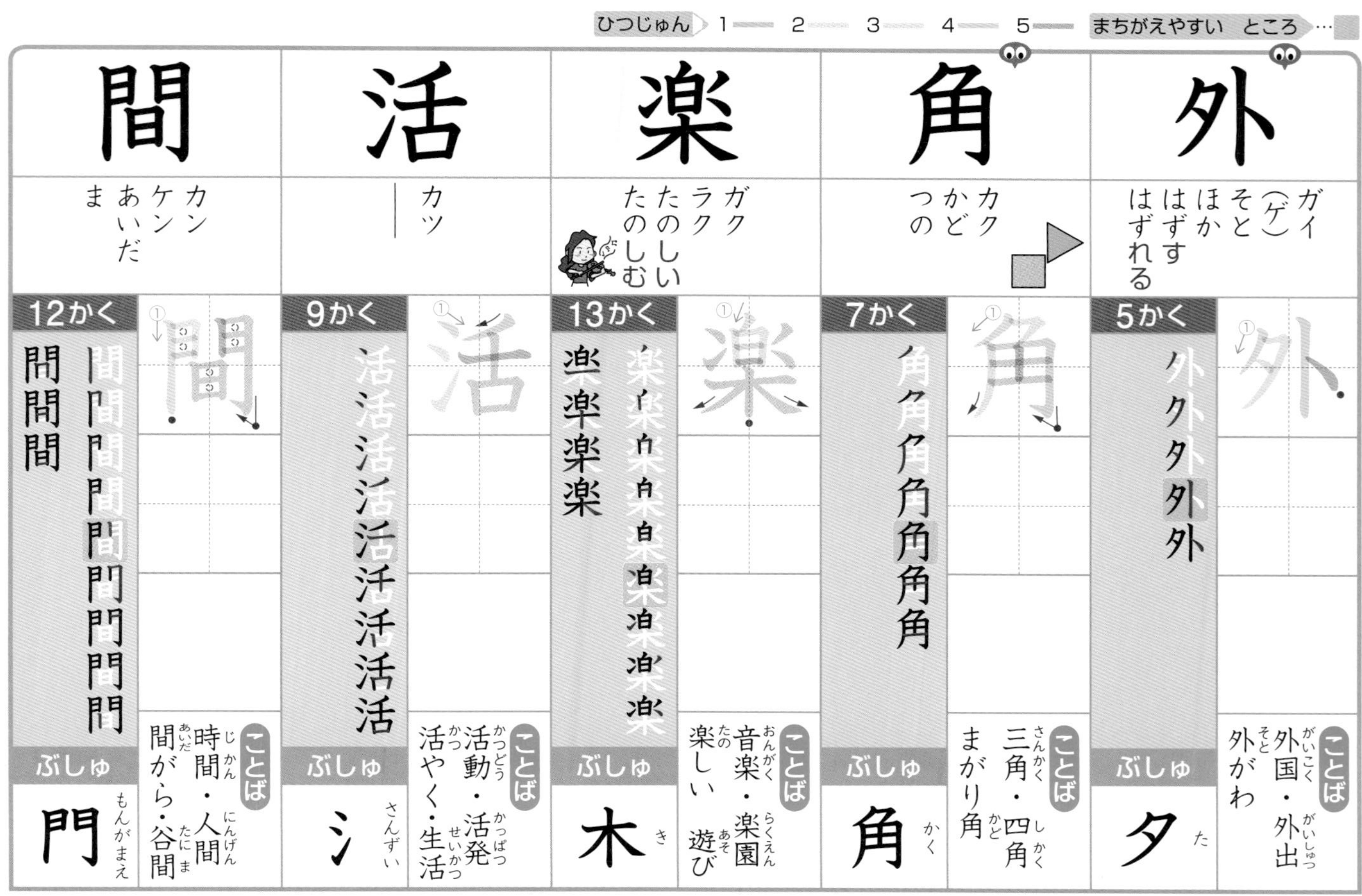

間	活	楽	角	外
カン ケン あいだ ま	カツ —	ガク ラク たのしい たのしむ	カク かど つの	ガイ （ゲ） そと ほか はずす はずれる
12かく	9かく	13かく	7かく	5かく
ぶしゅ 門 もんがまえ	ぶしゅ 氵 さんずい	ぶしゅ 木 き	ぶしゅ 角 かく	ぶしゅ 夕 た
ことば 時間（じかん）・人間（にんげん） 間（あいだ）がら・谷間（たにま）	ことば 活動（かつどう）・活発（かっぱつ） 活（かつ）やく・生活（せいかつ）	ことば 音楽（おんがく）・楽園（らくえん） 楽（たの）しい 遊（あそ）び	ことば 三角（さんかく）・四角（しかく） まがり角（かど）	ことば 外国（がいこく）・外出（がいしゅつ） 外（そと）がわ

●…とめる　…はねる　…はらう　○…あける

よんでみましょう

月　日

1つ10てん

10ぷん

／100てん

① かざ車が　いきおいよく　回（　　）る。

② うんどう会（　　）を　おこなう。

③ 画家（　　）が　かいた　絵（　　）。

④ 外（　　）は　雨が　ふって　いる。

⑤ 四角（　　）い　いたに　あなを　あける。

⑥ すきな　音楽（　　）を　きく。

⑦ 山ごやで　生活（　　）する。

⑧ しばらくの　間（　　）、海（　　）を　ながめる。

きほん

かいてみましょう

月　日

1つ10てん

／100てん

10ぷん

① かざ車が　いきおいよく（まわ）る。

② うんどう（かい）を　おこなう。

③ （がか）が　かいた（え）。

④ （そと）は　雨が　ふって　いる。

⑤ （しかく）い　いたに　あなを　あける。

⑥ すきな（おんがく）を　きく。

⑦ 山ごやで（せいかつ）する。

⑧ しばらくの（あいだ）、（うみ）を　ながめる。

ひつじゅん 1 2 3 4 5 まちがえやすい ところ…

まちがえやすい かん字

●…とめる　…はねる　…はらう　○…あける

記

キ　しるす

10かく

記

ことば：記号（きごう）・日記（にっき）　書き記す（かきしるす）

ぶしゅ：言（ごんべん）

汽

キ

7かく

汽

ことば：汽車（きしゃ）にのる　汽船（きせん）・汽笛（きてき）

ぶしゅ：氵（さんずい）

顔

ガン　かお

18かく

顔

ことば：顔面（がんめん）・せん顔（がん）　顔色（かおいろ）・顔立ち（かおだち）

ぶしゅ：頁（おおがい）

岩

ガン　いわ

8かく

岩

ことば：岩石（がんせき）・よう岩（がん）　岩かげ（いわかげ）・岩山（いわやま）

ぶしゅ：山（やま）

丸

ガン　まる　まるい　まるめる

3かく

丸

ことば：一丸（いちがん）・丸顔（まるがお）　丸い（まるい）　石（いし）

ぶしゅ：丶（てん）

ひつじゅん 1 2 3 4 5 まちがえやすい ところ…

京

キョウ
（ケイ）
—

8かく

京京京京京京京京

ことば
帰京（ききょう）・京都（きょうと）
上京（じょうきょう）・東京（とうきょう）

ぶしゅ
亠（なべぶた）

魚

ギョ
うお
さかな

11かく

魚魚魚魚魚魚魚魚魚魚魚

ことば
金魚（きんぎょ）・人魚（にんぎょ）
魚市場（うおいちば）・魚（さかな）つり

ぶしゅ
魚（うお）

牛

ギュウ
うし

4かく

牛牛牛牛

ことば
牛肉（ぎゅうにく）・牛（ぎゅう）にゅう
牛（うし）ごや・子牛（こうし）

ぶしゅ
牛（うし）

弓

（キュウ）
ゆみ

3かく

弓弓弓

ことば
弓矢（ゆみや）・弓（ゆみ）なり
弓（ゆみ）を引（ひ）く

ぶしゅ
弓（ゆみ）

帰

キ
かえる
かえす

10かく

帰帰帰帰帰帰帰帰帰帰

ことば
帰国（きこく）・帰（き）たく
帰（かえ）り道（みち）

ぶしゅ
巾（はば）

…まちがえやすい　かん字

●…とめる
…はねる
…はらう
○…あける

よんでみましょう

月　日

1つ10てん

／100てん

10ぷん

① 岩（　　）が　おおく　けわしい　山。

② ねこは　丸（　　）い　顔（　　）を　して　いる。

③ 汽車（　　）が　はしって　いる。

④ 学校から　家に　帰（　　）る。

⑤ 弓（　　）で　バイオリンを　ひく。

⑥ 牛（　　）の　ちちを　しぼる。

⑦ 魚（　　）つりの　ことを　日記（　　）に　かく。

⑧ 京（　　）都との　ふるい　てら。

かいてみましょう

月　日

1つ10てん

／100てん

① □（いわ）が　おおく　けわしい　山。

② ねこは　□（まる）い　□（かお）を　して　いる。

③ □□（きしゃ）が　はしって　いる。

④ 学校から　家に　□（かえ）る。

⑤ □（ゆみ）で　バイオリンを　ひく。

⑥ □（うし）の　ちちを　しぼる。

⑦ □（さかな）つりの　ことを　□□（にっき）に　かく。

⑧ □（きょう）都（と）の　ふるい　てら。

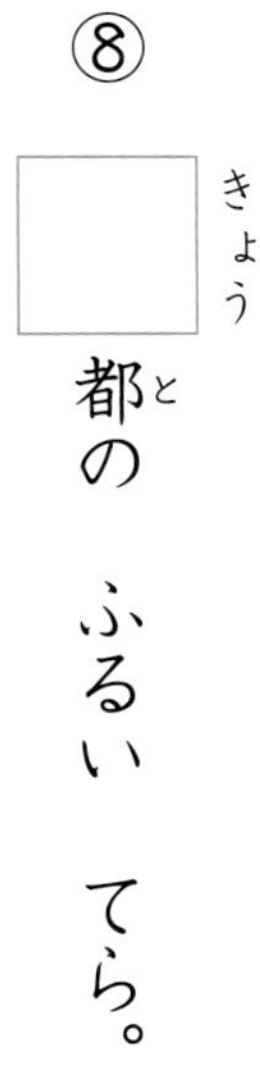

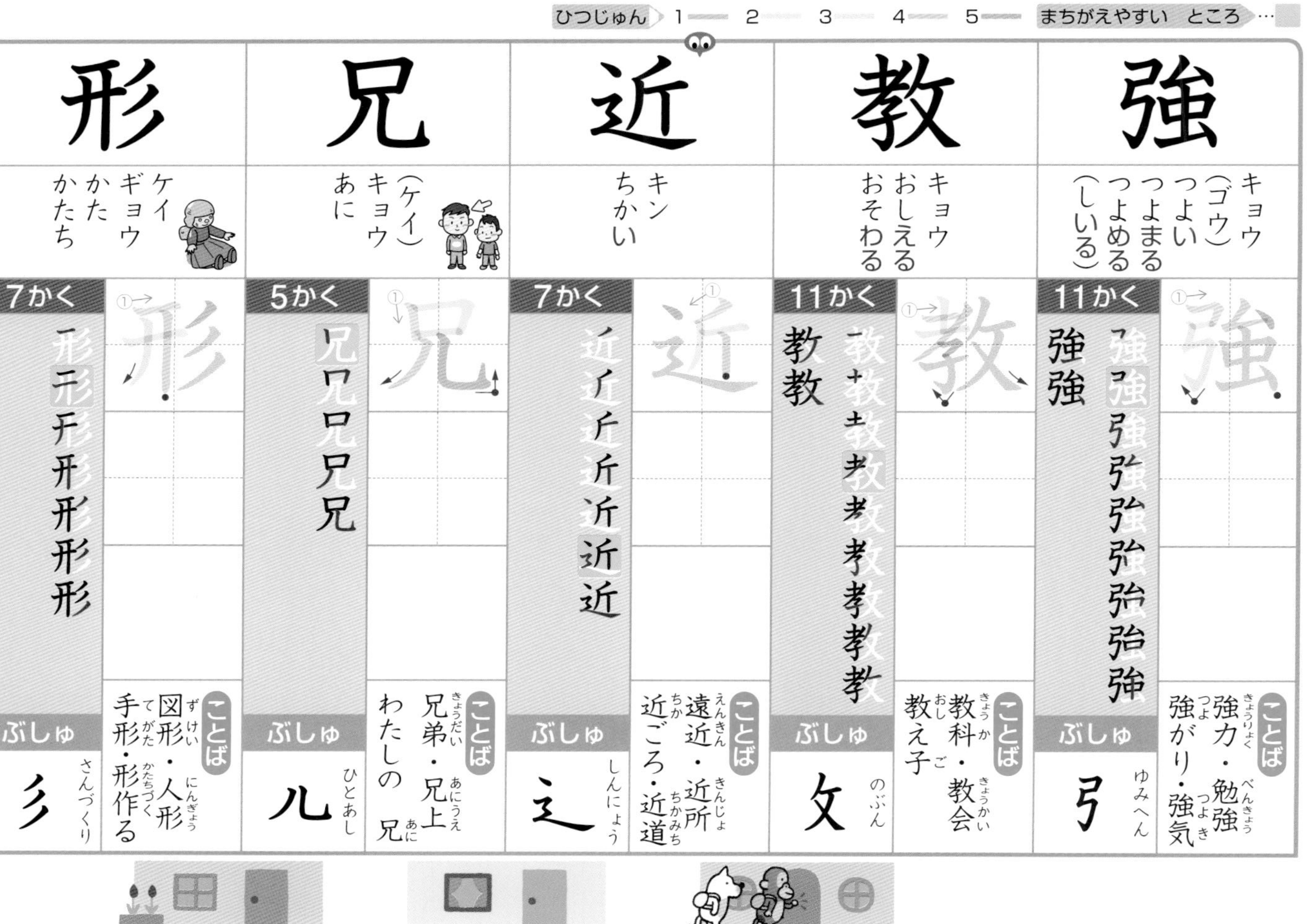
ひつじゅん 1 2 3 4 5
まちがえやすい ところ …
…まちがえやすい かん字
…とめる
…はねる
…はらう
…あける
形
ケイ ギョウ かた かたち
7かく
ことば
図形・人形
手形・形作る
ぶしゅ
彡 さんづくり
兄
(ケイ) キョウ あに
5かく
ことば
兄弟・兄上
わたしの兄
ぶしゅ
儿 ひとあし
近
キン ちかい
7かく
ことば
遠近・近所
近ごろ・近道
ぶしゅ
辶 しんにょう
教
キョウ おしえる おそわる
11かく
ことば
教科・教会
教え子
ぶしゅ
攵 のぶん
強
キョウ (ゴウ) つよい つよまる つよめる (しいる)
11かく
ことば
強力・勉強
強がり・強気
ぶしゅ
弓 ゆみへん

ひつじゅん 1 2 3 4 5 まちがえやすい ところ…

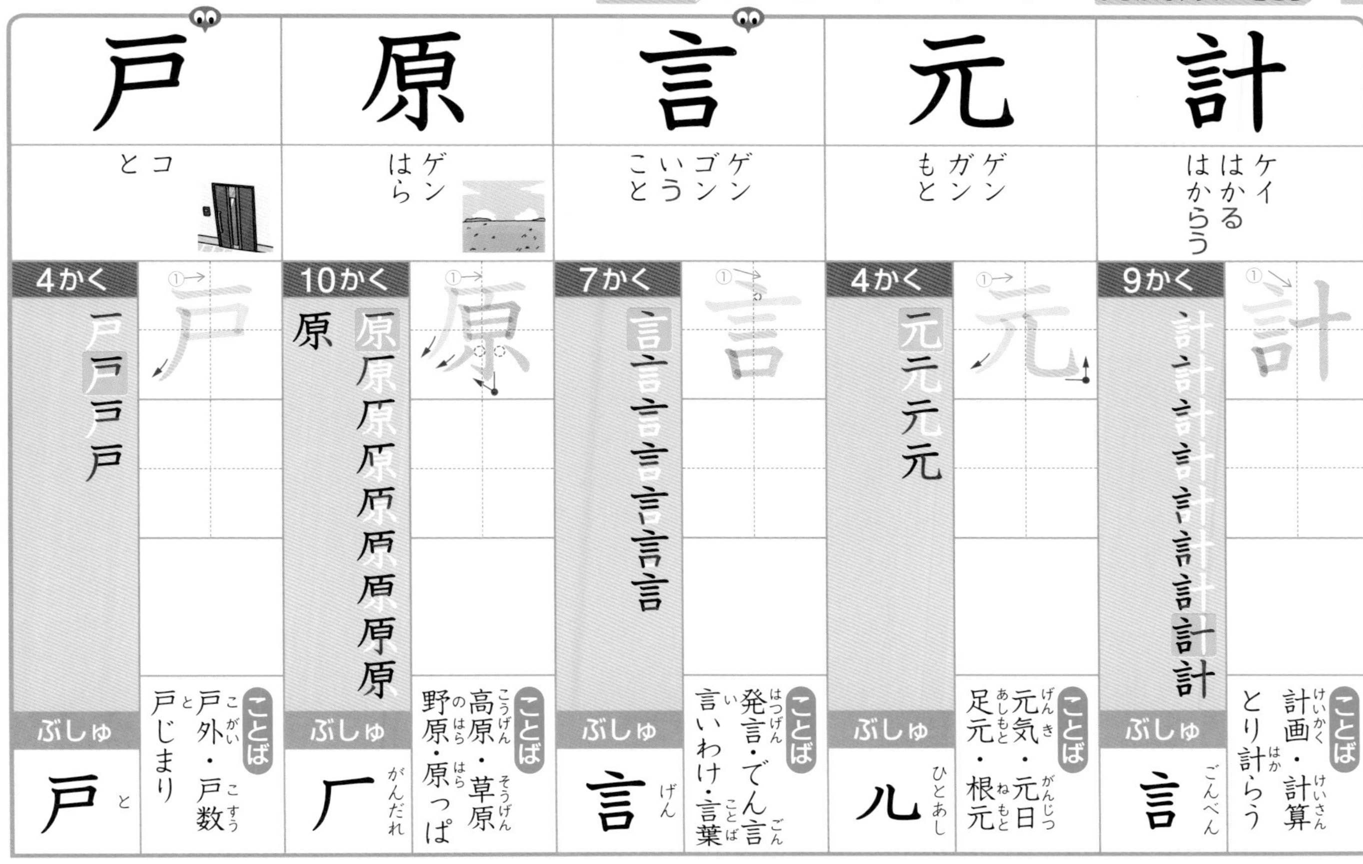

	戸	原	言	元	計
読み	コ と	ゲン はら	ゲン ゴン いう こと	ゲン ガン もと	ケイ はかる はからう
かく	4かく	10かく	7かく	4かく	9かく
ぶしゅ	戸 と	厂 がんだれ	言 げん	儿 ひとあし	言 ごんべん
ことば	戸外(こがい)・戸数(こすう) 戸(と)じまり	高原(こうげん)・草原(そうげん) 野原(のはら)・原(はら)っぱ	発言(はつげん)・でん言(ごん) 言(い)いわけ・言葉(ことば)	元気(げんき)・元日(がんじつ) 足元(あしもと)・根元(ねもと)	計画(けいかく)・計算(けいさん) とり計(はか)らう

…まちがえやすい かん字

●…とめる　…はねる　…はらう　○…あける

よんでみましょう

月　日

1つ10てん

／100てん　10ぷん

① 力の 強い すもうとり。

② みちじゅんを 教える。

③ 家の 近くを 川が ながれる。

④ ひな 人形を かざる。

⑤ 夏休みの 計画を 兄に はなす。

⑥ 元気に 名まえを 言う。

⑦ 原っぱで あそぶ。

⑧ げんかんの 戸を しめる。

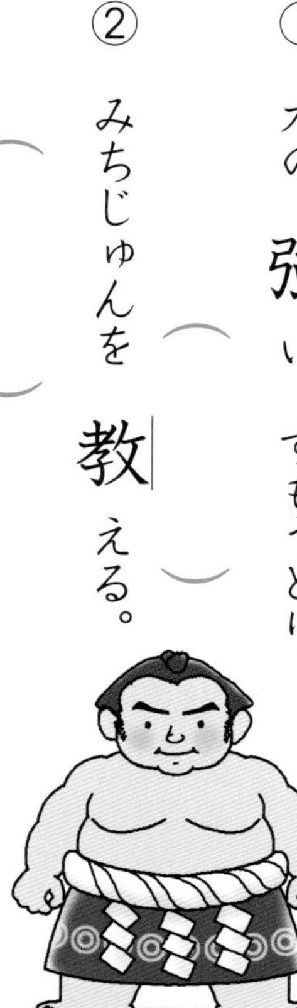

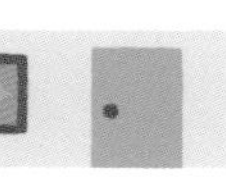

かいてみましょう

月　　日

1つ10てん

／100てん

①　力の□（つよ）い　すもうとり。

②　みちじゅんを　□（おし）える。

③　家の□（ちか）くを　川が　ながれる。

④　ひな□□（にんぎょう）を　かざる。

⑤　夏休みの□□（けいかく）を　□（あに）に　はなす。

⑥　□□（げんき）に　名まえを　□（い）う。

⑦　□（はら）っぱで　あそぶ。

⑧　げんかんの　□（と）を　しめる。

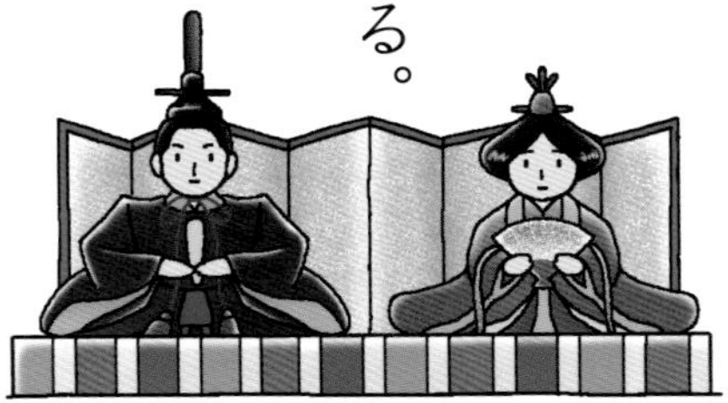

ひつじゅん 1 2 3 4 5　まちがえやすい　ところ…

…まちがえやすい　かん字

・…とめる　…はねる　…はらう　○…あける

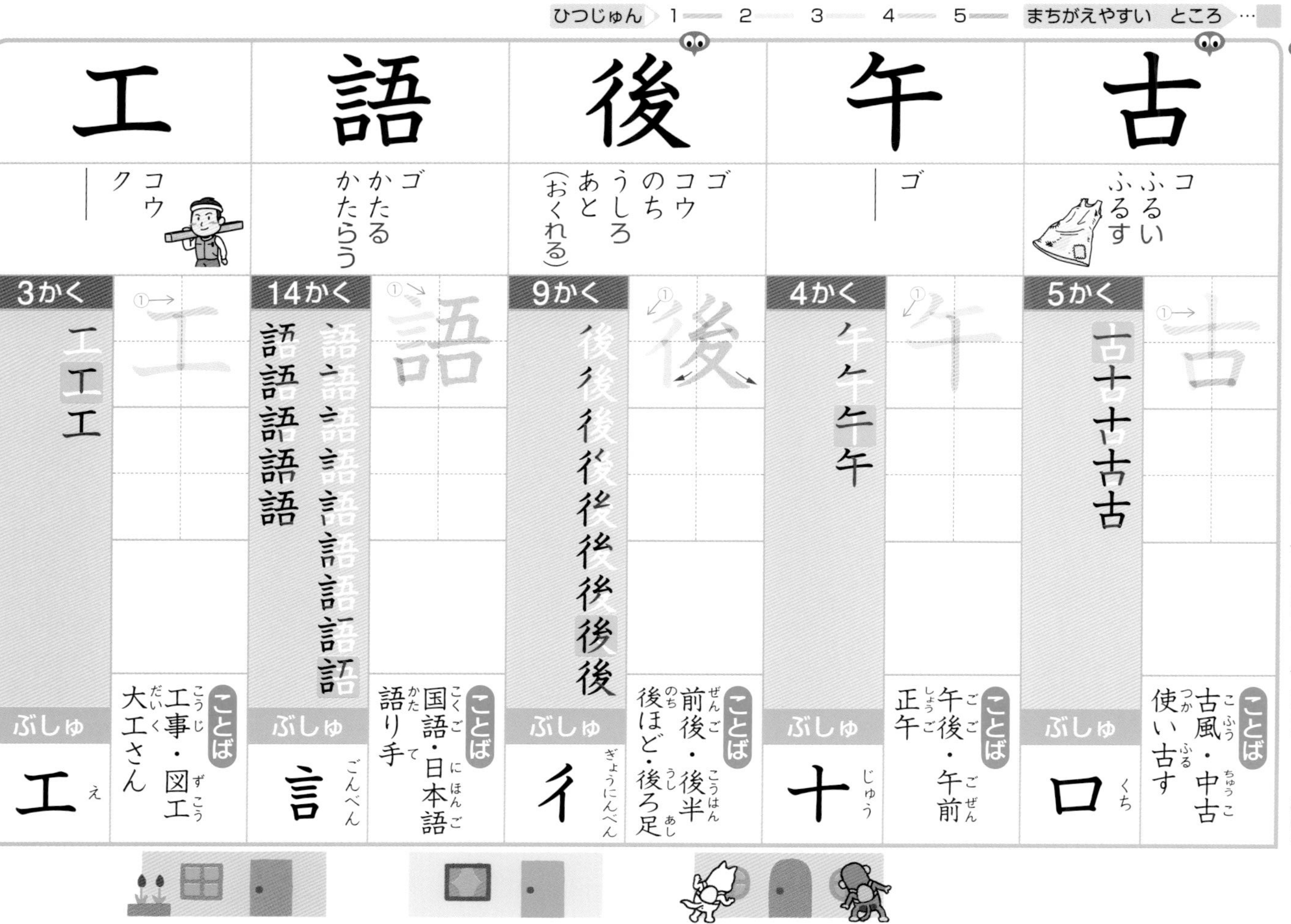

かん字	読み	かく数	ことば	ぶしゅ
工	コウ ク	3かく	工事(こうじ)・図工(ずこう) 大工(だいく)さん	工(え)
語	ゴ かたる かたらう	14かく	国語(こくご)・日本語(にほんご) 語り手(かたりて)	言(ごんべん)
後	ゴ コウ のち うしろ あと (おくれる)	9かく	前後(ぜんご)・後半(こうはん) 後(のち)ほど・後ろ足(うしろあし)	彳(ぎょうにんべん)
午	ゴ	4かく	午後(ごご)・午前(ごぜん) 正午(しょうご)	十(じゅう)
古	コ ふるい ふるす	5かく	古風(こふう)・中古(ちゅうこ) 使(つか)い古(ふる)す	口(くち)

ひつじゅん 1 2 3 4 5 まちがえやすい ところ…

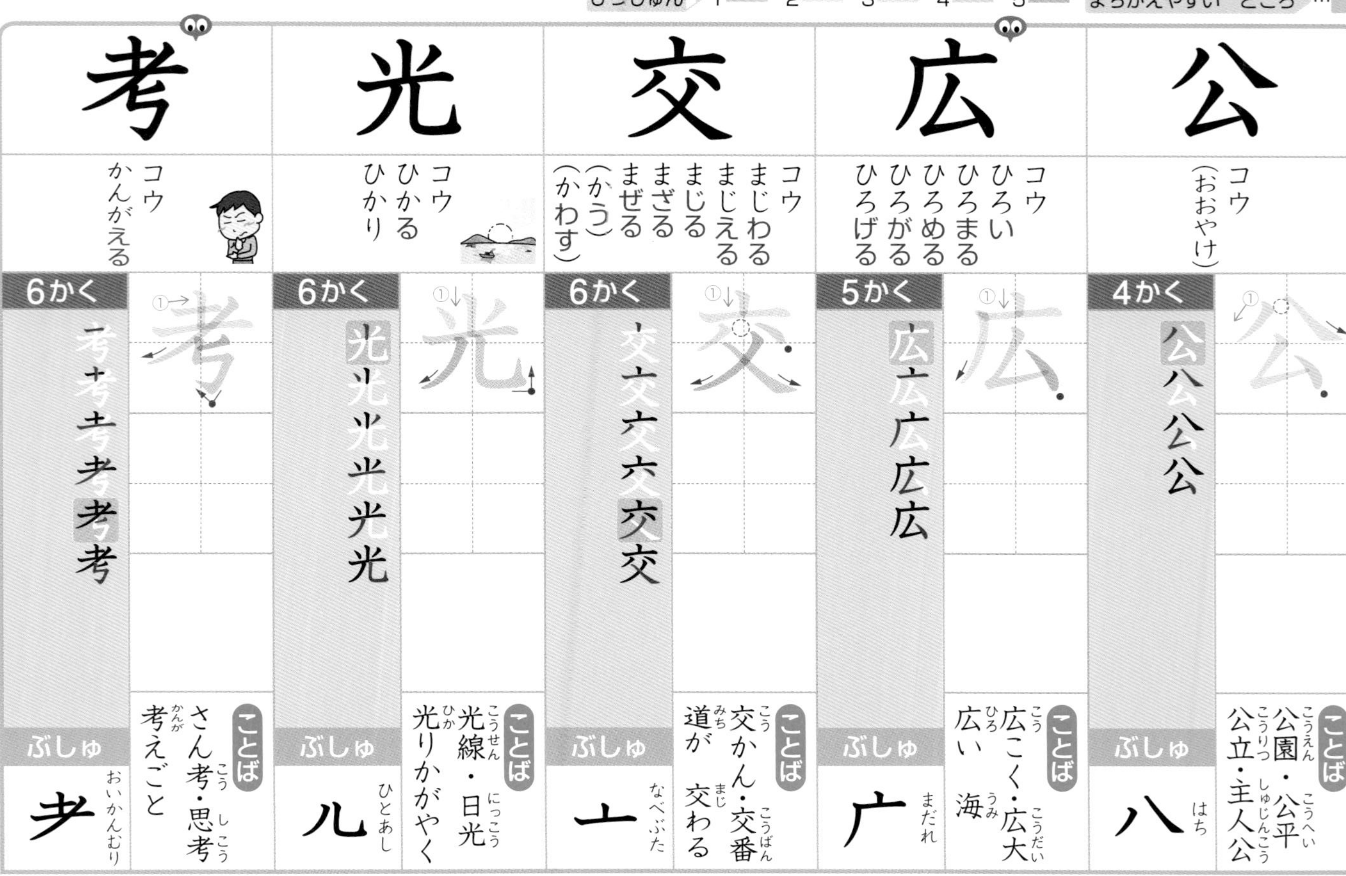

公	広	交	光	考
コウ（おおやけ）	コウ ひろい ひろまる ひろめる ひろがる ひろげる	コウ まじわる まじえる まじる まざる まぜる （かう）（かわす）	コウ ひかる ひかり	コウ かんがえる
4かく	5かく	6かく	6かく	6かく
ことば：公園（こうえん）・公平（こうへい） 公立（こうりつ）・主人公（しゅじんこう）	ことば：広（こう）こく・広大（こうだい） 広（ひろ）い 海（うみ）	ことば：交（こう）かん・交番（こうばん） 道（みち）が 交（まじ）わる	ことば：光線（こうせん）・日光（にっこう） 光（ひか）りかがやく	ことば：さん考（こう）・思考（しこう） 考（かんが）えごと
ぶしゅ：八（はち）	ぶしゅ：广（まだれ）	ぶしゅ：亠（なべぶた）	ぶしゅ：儿（ひとあし）	ぶしゅ：耂（おいかんむり）

…まちがえやすい かん字

●…とめる ↘…はねる ↙…はらう ○…あける

きほん

よんでみましょう

月　　日

1つ10てん

／100てん

① 大きな 古（　　）い かけどけい。

② れつの 後（　　）ろに ならぶ。

③ 日本語（　　）を 正しく つかう。

④ 工（　　）じょうを 午後（　　）に 見学する。

⑤ とても 広（　　）い 公園（　　）。

⑥ 交（　　）ばんで みちを たずねる。

⑦ ほしが うつくしく 光（　　）る。

⑧ もんだいの こたえを 考（　　）える。

きほん

かいてみましょう

月　　日

1つ10てん

／100てん

10ぷん

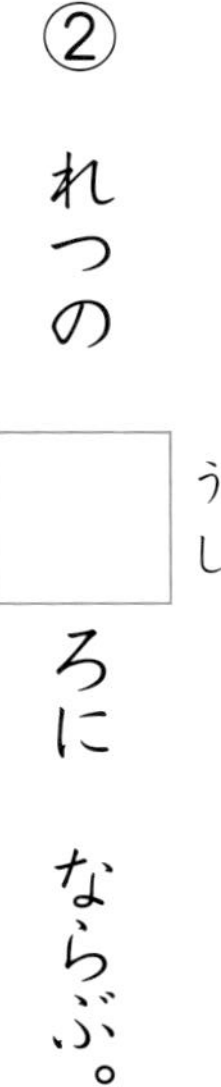

① 大きな□(ふる)い　かけどけい。

② れつの　□(うし)ろに　ならぶ。

③ 日本□(ご)を　正しく　つかう。

④ □(こう)じょうを　□□(ごご)に　見学する。

⑤ とても　□(ひろ)い　□□(こうえん)。

⑥ □(こう)ばんで　みちを　たずねる。

⑦ ほしが　うつくしく　□(ひか)る。

⑧ もんだいの　こたえを　□(かんが)える。

ひつじゅん 1 2 3 4 5 まちがえやすい ところ…

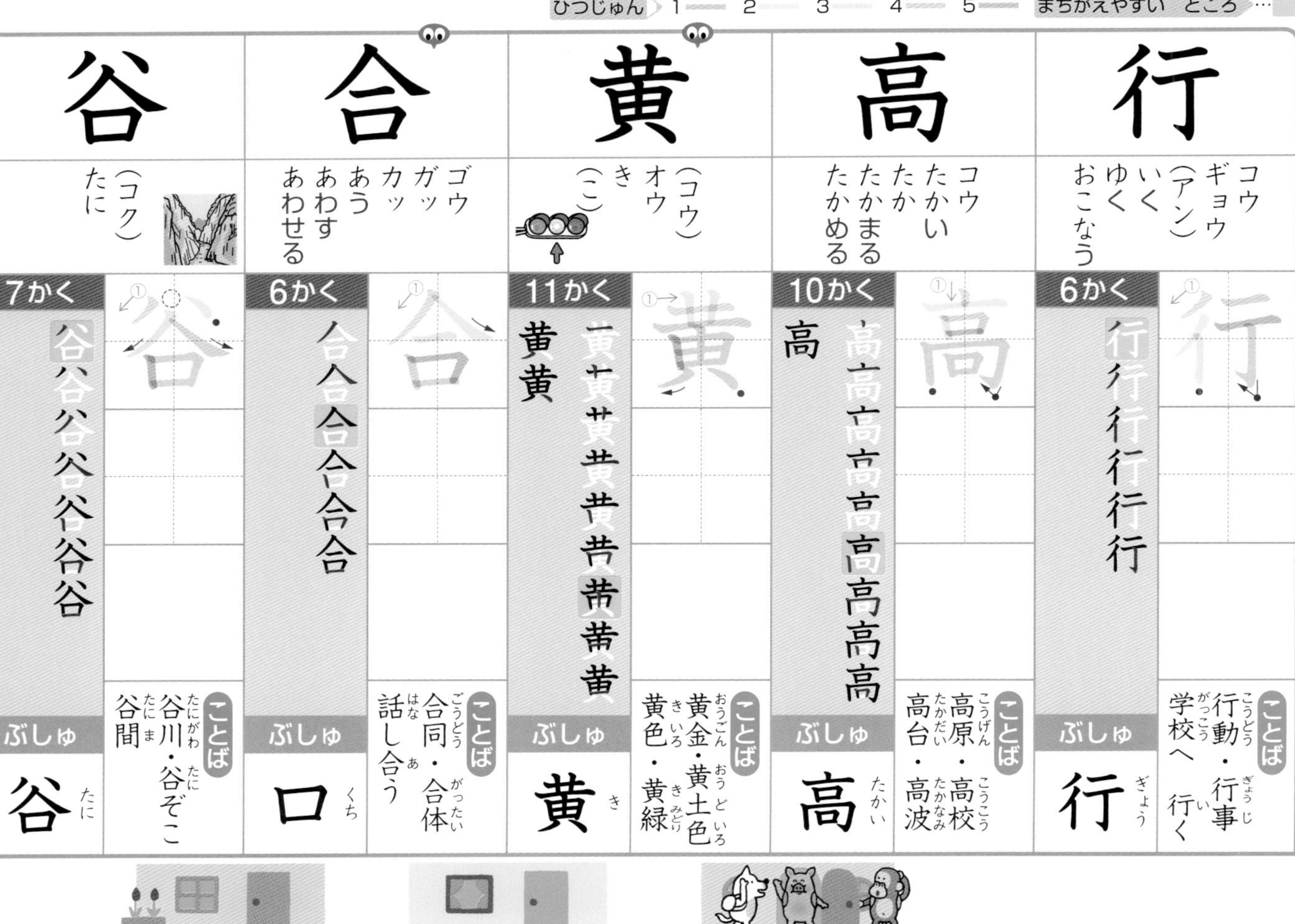

字	読み	かく数	ぶしゅ	ことば
谷	たに（コク）	7かく	谷（たに）	谷川（たにがわ）・谷（たに）ぞこ・谷間（たにま）
合	ゴウ ガッ カッ あう あわす あわせる	6かく	口（くち）	合同（ごうどう）・合体（がったい）・話（はな）し合（あ）う
黄	（コウ） オウ き （こ）	11かく	黄（き）	黄金（おうごん）・黄土色（おうどいろ）・黄色（きいろ）・黄緑（きみどり）
高	コウ たかい たか たかまる たかめる	10かく	高（たかい）	高原（こうげん）・高校（こうこう）・高台（たかだい）・高波（たかなみ）
行	コウ ギョウ （アン） いく ゆく おこなう	6かく	行（ぎょう）	行動（こうどう）・行事（ぎょうじ）・学校（がっこう）へ 行（い）く

まちがえやすい かん字

●…とめる　…はねる　…はらう　○…あける

ひつじゅん 1 2 3 4 5 まちがえやすい ところ…

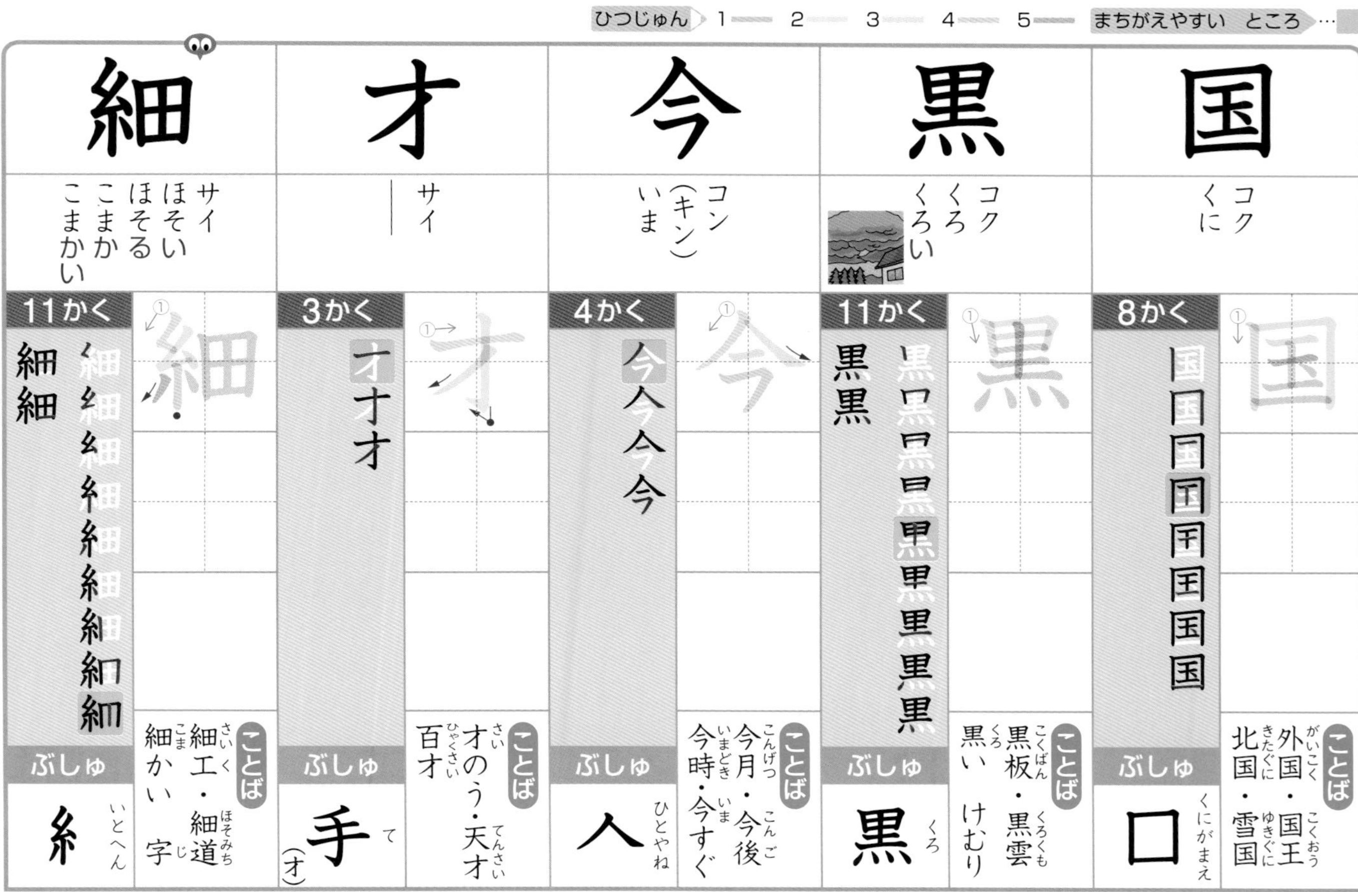

細	才	今	黒	国
サイ ほそい ほそる こまか こまかい	サイ	コン （キン） いま	コク くろ くろい	コク くに
11かく	3かく	4かく	11かく	8かく
ことば：細工（さいく）・細道（ほそみち） 細かい（こまかい）字（じ）	ことば：才のう（さいのう）・天才（てんさい） 百才（ひゃくさい）	ことば：今月（こんげつ）・今後（こんご） 今時（いまどき）・今（いま）すぐ	ことば：黒板（こくばん）・黒雲（くろくも） 黒（くろ）いけむり	ことば：外国（がいこく）・国王（こくおう） 北国（きたぐに）・雪国（ゆきぐに）
ぶしゅ：糸（いとへん）	ぶしゅ：手（て）（扌）	ぶしゅ：人（ひとやね）	ぶしゅ：黒（くろ）	ぶしゅ：口（くにがまえ）

●…まちがえやすい かん字

•…とめる ↙…はねる ↙…はらう ○…あける

よんでみましょう

月　　日

1つ10てん

10ぷん

／100てん

① 黄（　　）いろの　ふくを　きる。

② ひょうの　合計（　　）が　高（　　）く　なる。

③ つめたい　谷川（　　）の　水。

④ せかいの　さまざまな　国（　　）。

⑤ 黒（　　）い　けむりが　立ち上る。

⑥ 今（　　）から　すぐに　行（　　）く。

⑦ 六才（　　）の　たん生日。

⑧ 細（　　）かく　きそくを　さだめる。

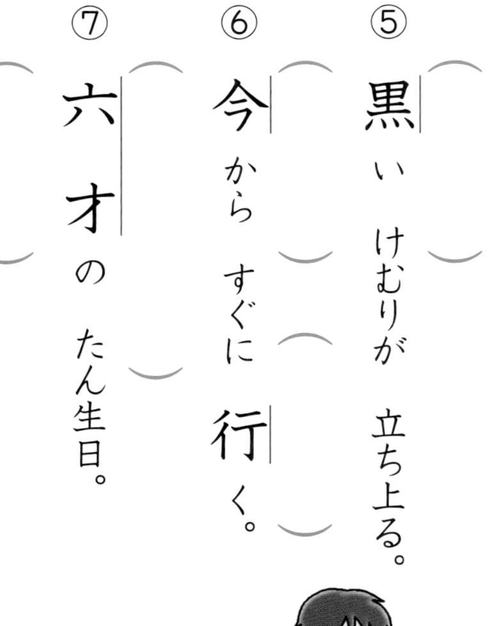
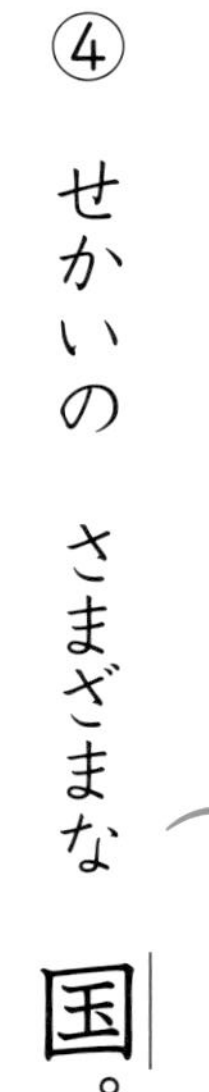

かいてみましょう

月　日

1つ10てん

／100てん

10ぷん

① □（き）いろの　ふくを　きる。

② ひようの　□□（ごうけい）が　□（たか）く　なる。

③ つめたい　□□（たにがわ）の　水。

④ せかいの　さまざまな　□（くに）。

⑤ □（くろ）い　けむりが　立ち上る。

⑥ □（いま）から　すぐに　□（い）く。

⑦ □□（ろくさい）の　たん生日。

⑧ □（こま）かく　きそくを　さだめる。

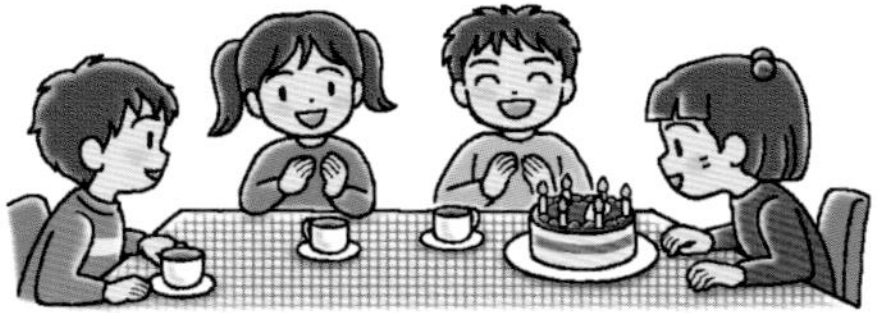

やってみましょう 1

月　日

／100てん　10ぷん

1 ――の　かん字の　よみがなを　かきましょう。一つ7〔28てん〕

(1) 家（　）ぞく

(2) 何（　）か　たべたい。

(3) 外国（　）

(4) 楽（　）しい　夏休み。

2 □に　あてはまる　かん字を　かきましょう。一つ9〔36てん〕

(1) □（ぎゅう）にゅう

(2) みちが　□（まじ）わる。

(3) □□（かいすい）よく

(4) □□（こうか）を　うたう。

3 つぎの　おくりがなが　つく　かん字を　□から　二つずつ　えらんで　□に　かきましょう。一つ9〔36てん〕

(1) □い　□い

(2) □う　□う

合　会　遠
細　帰　回

こたえは79ページ

やってみましょう 2

月　日

／100てん　10ぷん

1 ——の　かん字の　よみがなを　かきましょう。一つ7〔28てん〕

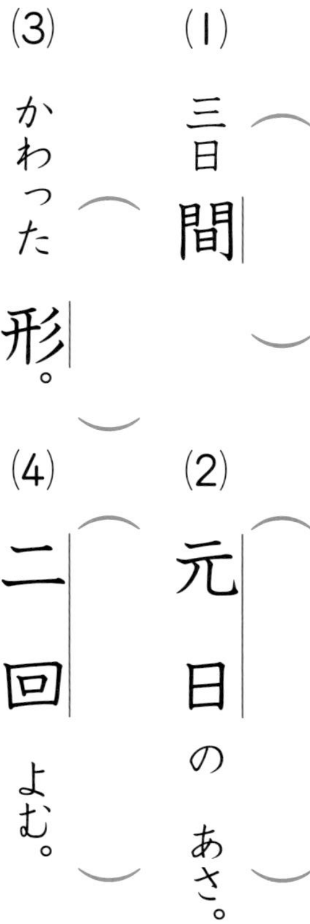

(1) 三日<u>間</u>（　　）　(2) <u>元</u>（　　）<u>日</u>の　あさ。

(3) かわった　<u>形</u>（　　）。　(4) <u>二</u>（　　）<u>回</u>　よむ。

2 □に　あてはまる　かん字を　かきましょう。一つ9〔36てん〕

(1) □（うた）を　うたう。　(2) □（ひかり）が　さす。

(3) □□（こんげつ）の　十日。　(4) 三人□（きょう）だい

3 いみを　よく　考えて、つぎの　よみかたの　かん字を　かきましょう。一つ9〔36てん〕

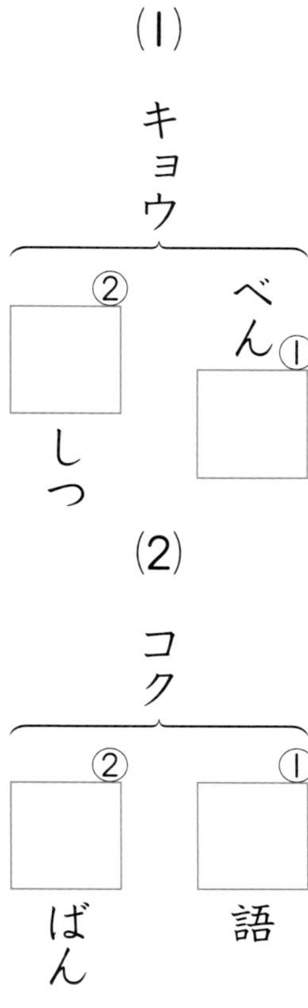

(1) キョウ｛①□べん　②□しつ｝

(2) コク｛①□語　②□ばん｝

こたえは79ページ

ひつじゅん 1 2 3 4 5 まちがえやすい ところ …

…まちがえやすい かん字

●…とめる ↘…はねる ↙…はらう ○…あける

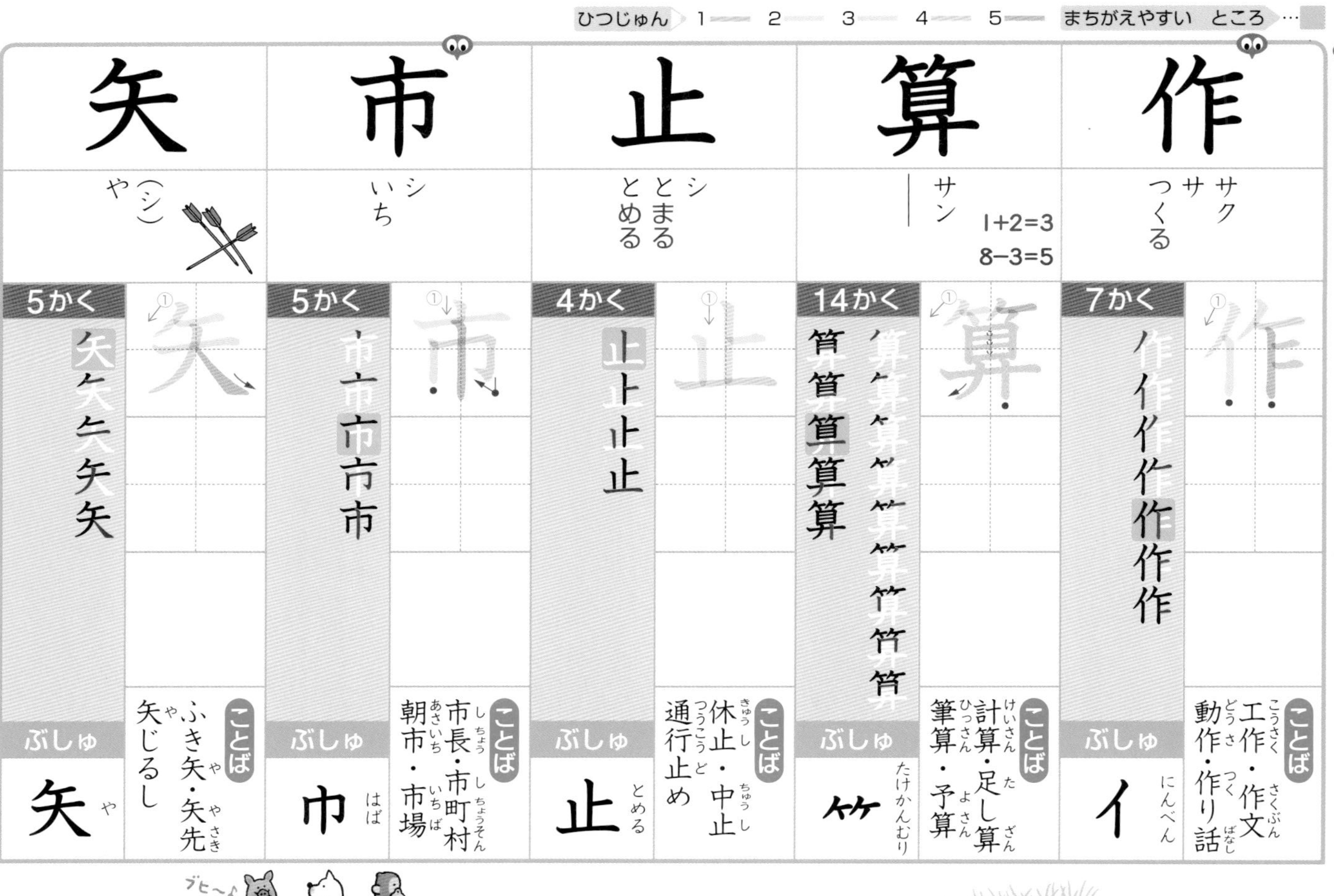

かん字	矢	市	止	算	作
読み	（シ） や	シ いち	シ とまる とめる	サン	サク サ つくる
				1+2=3 8−3=5	
かく数	5かく	5かく	4かく	14かく	7かく
ことば	ふき矢（や）・矢先（やさき） 矢（や）じるし	市長（しちょう）・市町村（しちょうそん） 朝市（あさいち）・市場（いちば）	休止（きゅうし）・中止（ちゅうし） 通行（つうこう）止（ど）め	計算（けいさん）・足（た）し算（ざん） 筆算（ひっさん）・予算（よさん）	工作（こうさく）・作文（さくぶん） 動作（どうさ）・作（つく）り話（ばなし）
ぶしゅ	矢 や	巾 はば	止 とめる	⺮ たけかんむり	イ にんべん

ひつじゅん 1 2 3 4 5　まちがえやすい　ところ…

…まちがえやすい　かん字

●…とめる　…はねる　…はらう　○…あける

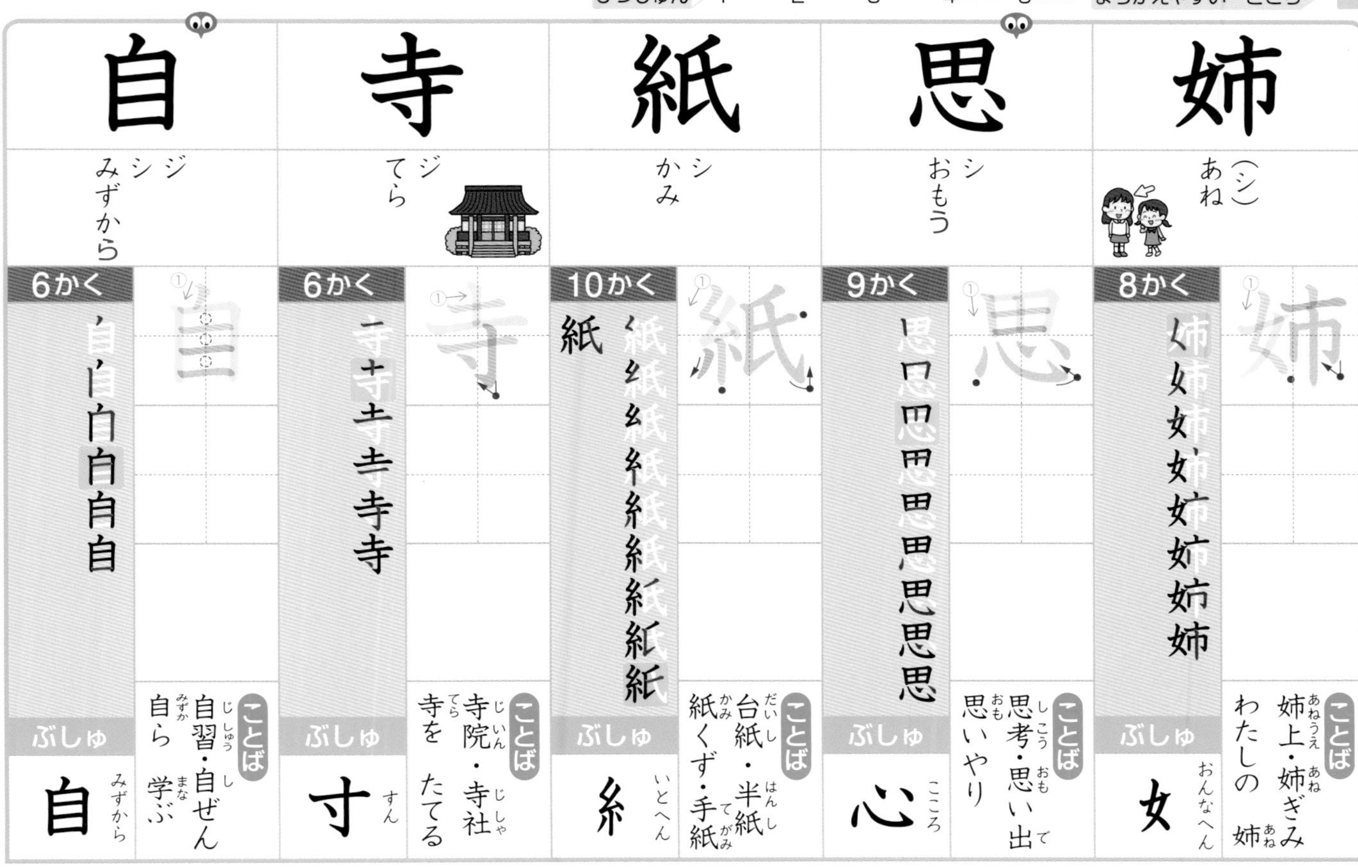

姉　(シ)　あね　8かく
ぶしゅ：女（おんなへん）
ことば：姉上(あねうえ)・姉(あね)ぎみ　わたしの　姉(あね)

思　シ　おもう　9かく
ぶしゅ：心（こころ）
ことば：思考(しこう)・思(おも)い出(で)　思(おも)いやり

紙　シ　かみ　10かく
ぶしゅ：糸（いとへん）
ことば：台紙(だいし)・半紙(はんし)　紙(かみ)くず・手紙(てがみ)

寺　ジ　てら　6かく
ぶしゅ：寸（すん）
ことば：寺院(じいん)・寺社(じしゃ)　寺(てら)を　たてる

自　ジ　シ　みずから　6かく
ぶしゅ：自（みずから）
ことば：自習(じしゅう)・自(し)ぜん　自(みずか)ら　学(まな)ぶ

よんでみましょう

月　　日

1つ10てん

／100てん

10ぷん

① おいしい　りょうりを　作る。（　）

② バスが　赤しんごうで　止まる。（　）

③ 市場で　かいものを　する。（市　）

④ まとに　矢を　あてる。（矢　）

⑤ むかしを　なつかしく　思う。（思　）

⑥ 姉あての　手紙が　とどく。（姉　）（手紙　）

⑦ 寺の　かねが　なる。（寺　）

⑧ 自ぶんで　計算する。（自　）（計算　）

ブヒ～♪　ワホ～♪

きほん

かいてみましょう

月　日

1つ10てん

／100てん

① おいしい　りょうりを　□（つく）る。

② バスが　赤しんごうで　□（と）まる。

③ □（いち）場（ば）で　かいものを　する。

④ まとに　□（や）を　あてる。

⑤ むかしを　なつかしく　□（おも）う。

⑥ □（あね）あての　□□（てがみ）が　とどく。

⑦ □（てら）の　かねが　なる。

⑧ □（じ）ぶんで　□□（けいさん）する。

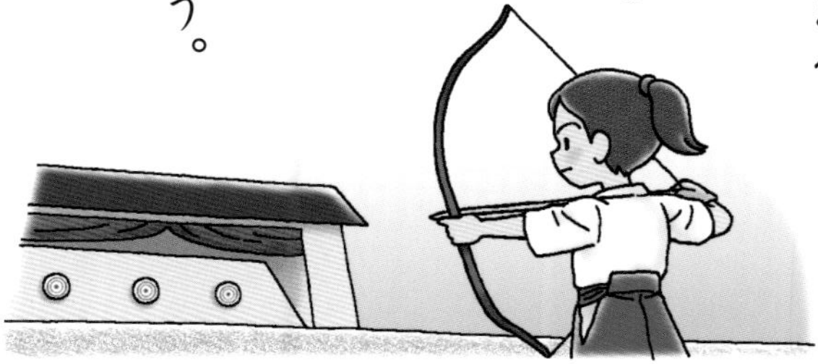

ひつじゅん 1 2 3 4 5 まちがえやすい ところ …

… まちがえやすい かん字

● …とめる　…はねる　…はらう　○…あける

首

シュ
くび

9かく

ぶしゅ：首（くび）

ことば：首位（しゅい）・首都（しゅと）・足首（あしくび）・手首（てくび）

弱

ジャク
よわい
よわる
よわまる
よわめる

10かく

ぶしゅ：弓（ゆみ）

ことば：強弱（きょうじゃく）・弱点（じゃくてん）・弱気（よわき）・弱虫（よわむし）

社

シャ
やしろ

7かく

ぶしゅ：ネ（しめすへん）

ことば：社長（しゃちょう）・神社（じんじゃ）・古い社（ふるいやしろ）

室

シツ
（むろ）

9かく

ぶしゅ：宀（うかんむり）

ことば：音楽室（おんがくしつ）・教室（きょうしつ）・地下室（ちかしつ）・図書室（としょしつ）

時

ジ
とき

10かく

ぶしゅ：日（ひへん）

ことば：時こく（じこく）・時代（じだい）・時がたつ（ときがたつ）

ブヒ〜♪　ワオ〜♪　ウキ〜♪

ひつじゅん 1 2 3 4 5 まちがえやすい ところ…

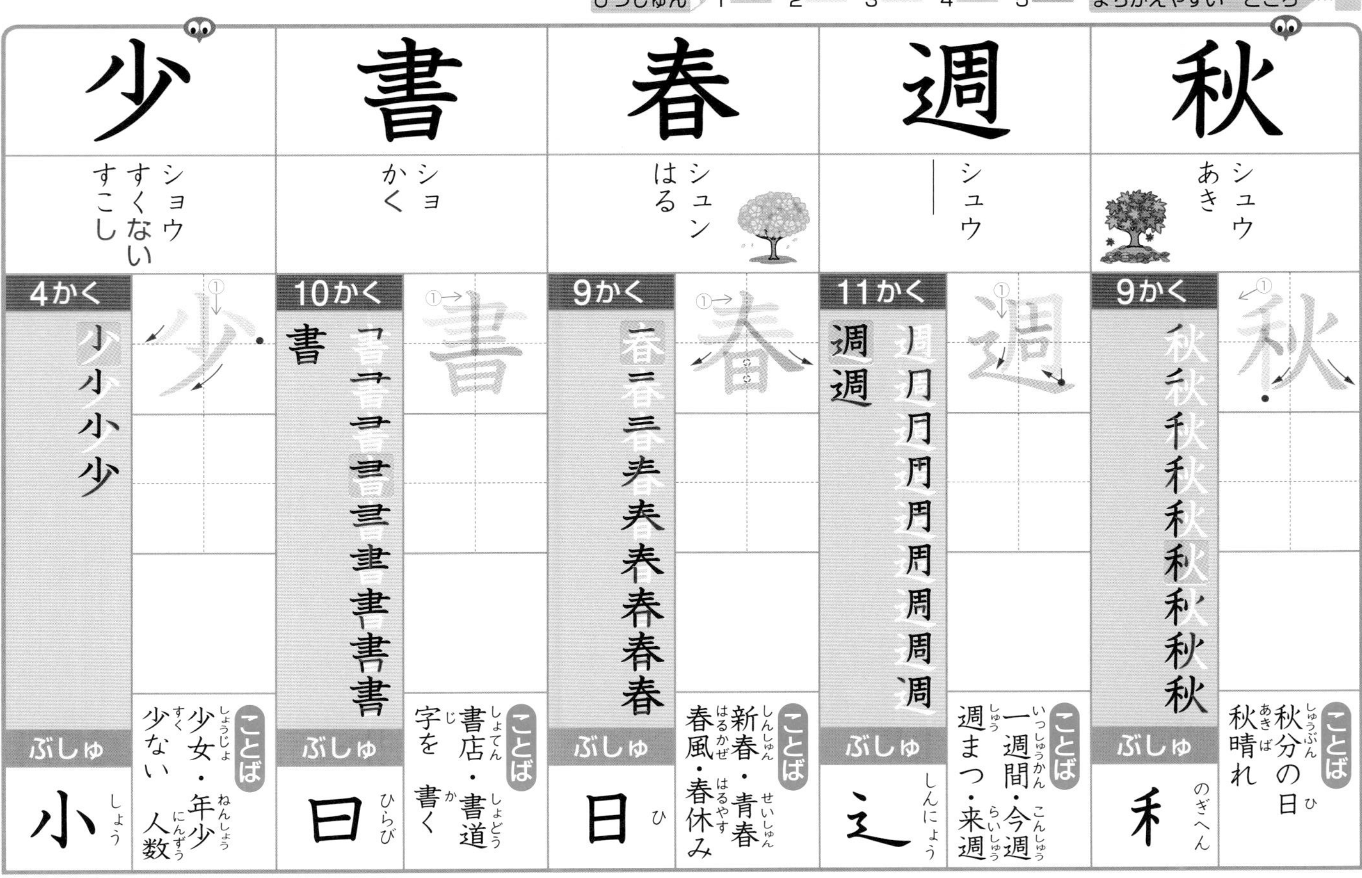

秋

シュウ
あき

9かく

ぶしゅ 禾（のぎへん）

ことば
秋分（しゅうぶん）の日（ひ）
秋晴（あきば）れ

週

シュウ
—

11かく

ぶしゅ 辶（しんにょう）

ことば
一週間（いっしゅうかん）・今週（こんしゅう）
週（しゅう）まつ・来週（らいしゅう）

春

シュン
はる

9かく

ぶしゅ 日（ひ）

ことば
新春（しんしゅん）・青春（せいしゅん）
春風（はるかぜ）・春休（はるやす）み

書

ショ
かく

10かく

ぶしゅ 曰（ひらび）

ことば
書店（しょてん）・書道（しょどう）
字（じ）を書（か）く

少

ショウ
すくない
すこし

4かく

ぶしゅ 小（しょう）

ことば
少女（しょうじょ）・年少（ねんしょう）
少（すく）ない　人数（にんずう）

まちがえやすい かん字
●…とめる
…はねる
…はらう
○…あける

きほん

よんでみましょう

月　日

1つ10てん

／100てん

10ぷん

① 教室（　）の 中へ 入る。

② ちちは 八時（　）に 会社（　）に 行く。

③ 弱（　）い からだを 強く する。

④ 首（　）を たてに ふる。

⑤ 二週間（　）が すぎる。

⑥ 春（　）に ハイキングに 行く。

⑦ 本の 書名（　）を 思い出す。

⑧ 少（　）しずつ 秋（　）が ふかまる。

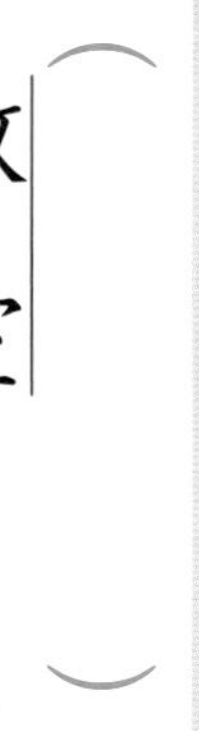

かいてみましょう

月　日

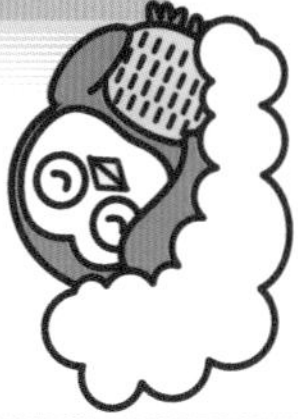

1つ10てん

／100てん

10ぷん

① □□（きょうしつ）の　中へ　入る。

② ちちは　□□（はちじ）に　□□（かいしゃ）に　行く。

③ □（よわ）い　からだを　強く　する。

④ □（くび）を　たてに　ふる。

⑤ □□□（にしゅうかん）が　すぎる。

⑥ □（はる）に　ハイキングに　行く。

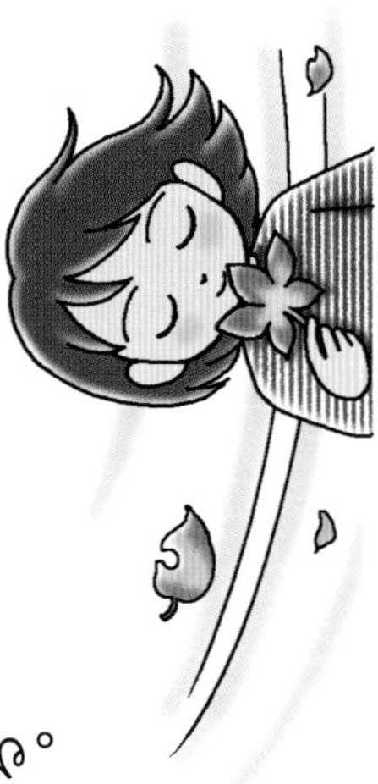

⑦ 本の　□□（しょめい）を　思い出す。

⑧ □（すこ）しずつ　□（あき）が　ふかまる。

ひつじゅん 1 2 3 4 5 まちがえやすい ところ…

まちがえやすい かん字　●…とめる　…はねる　…はらう　…あける

新

シン
あたらしい
あらた
にい

13かく

ことば：新年（しんねん）・新（あたら）しさ　新（にい）がた県（けん）

ぶしゅ：斤（おのづくり）

心

シン
こころ

4かく

ことば：安心（あんしん）・中心（ちゅうしん）　心（こころ）がけ

ぶしゅ：心（こころ）

食

ショク
（ジキ）
くう
（くらう）
たべる

9かく

ことば：朝食（ちょうしょく）・夕食（ゆうしょく）　食（た）べもの

ぶしゅ：食（しょく）

色

ショク
シキ
いろ

6かく

ことば：原色（げんしょく）・色紙（しきし）　顔色（かおいろ）・水色（みずいろ）

ぶしゅ：色（いろ）

場

ジョウ
ば

12かく

ことば：運動場（うんどうじょう）・工場（こうじょう）　場所（ばしょ）・広場（ひろば）

ぶしゅ：土（つちへん）

ひつじゅん 1 2 3 4 5 まちがえやすい ところ…

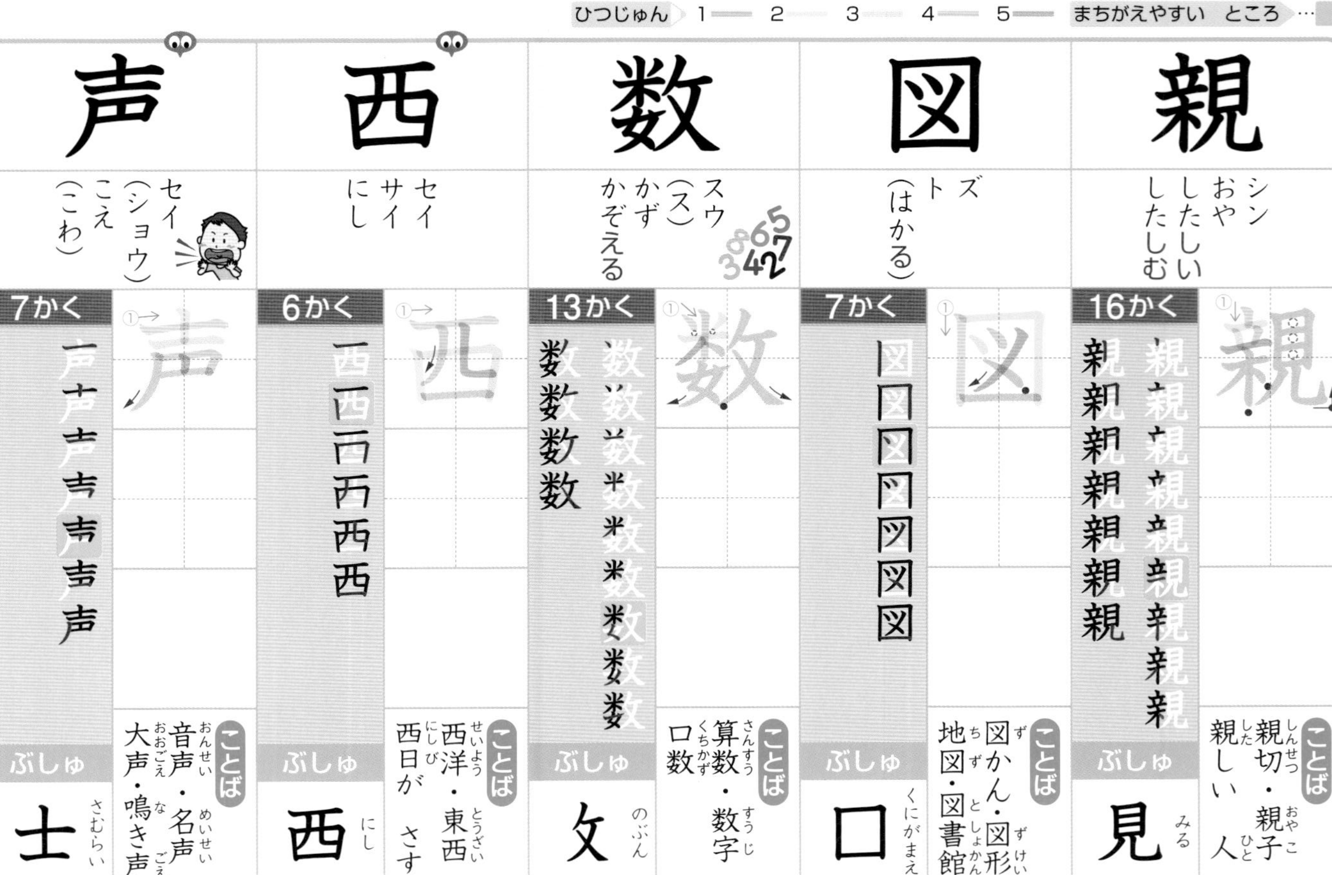

親
シン
おや
したしい
したしむ

16かく

ぶしゅ 見（みる）

ことば 親切（しんせつ）・親子（おやこ）
親しい人（したしいひと）

図
ズ
ト
（はかる）

7かく

ぶしゅ 口（くにがまえ）

ことば 図かん（ずかん）・図形（ずけい）
地図（ちず）・図書館（としょかん）

数
スウ
（ス）
かず
かぞえる

13かく

ぶしゅ 攵（のぶん）

ことば 算数（さんすう）・数字（すうじ）
口数（くちかず）

西
セイ
サイ
にし

6かく

ぶしゅ 西（にし）

ことば 西洋（せいよう）・東西（とうざい）
西日（にしび）が さす

声
セイ
（ショウ）
こえ
（こわ）

7かく

ぶしゅ 士（さむらい）

ことば 音声（おんせい）・名声（めいせい）
大声（おおごえ）・鳴き声（なきごえ）

…まちがえやすい かん字
●…とめる
…はねる
…はらう
○…あける

よんでみましょう

月　日

1つ10てん

／100てん　10ぷん

①（　）色えんぴつを　つかう。

②おいしそうに（　）食べる。

③（　）心の　やさしい　人。

④（　）親子で　出かける。

⑤（　）新しい（　）図書かんが　できる。

⑥（　）算数の　もんだいを　とく。

⑦日が（　）西に　しずむ。

⑧（　）広場から　人の（　）声が　きこえる。

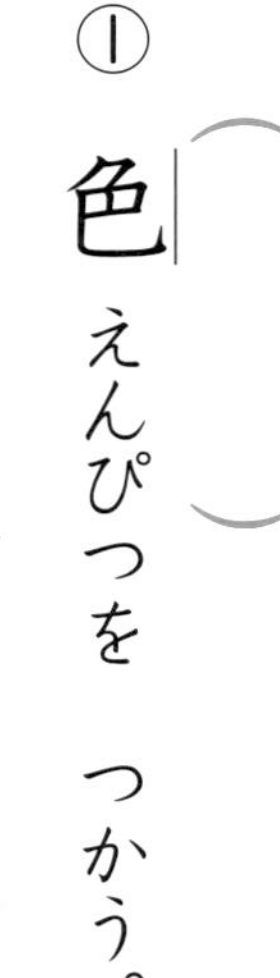

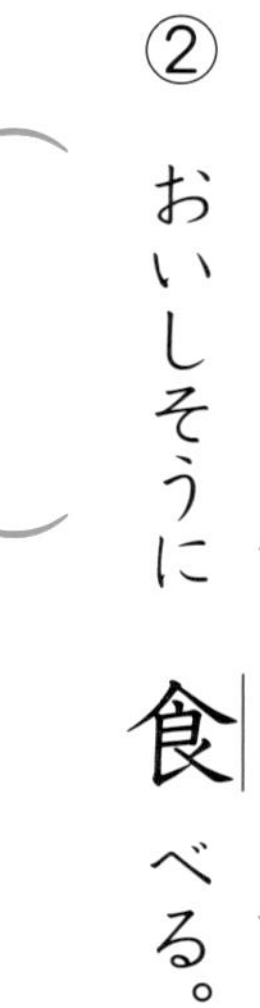

書いてみましょう

月　日

1つ10てん

／100てん

① □(いろ) えんぴつを　つかう。

② おいしそうに □(た) べる。

③ □(こころ) の　やさしい　人。

④ □□(おやこ) で　出かける。

⑤ □(あたら) しい　□□(としょ) かんが　できる。

⑥ □□(さんすう) の　もんだいを　とく。

⑦ 日が　□(にし) に　しずむ。

⑧ □□(ひろば) から　人の　□(こえ) が　きこえる。

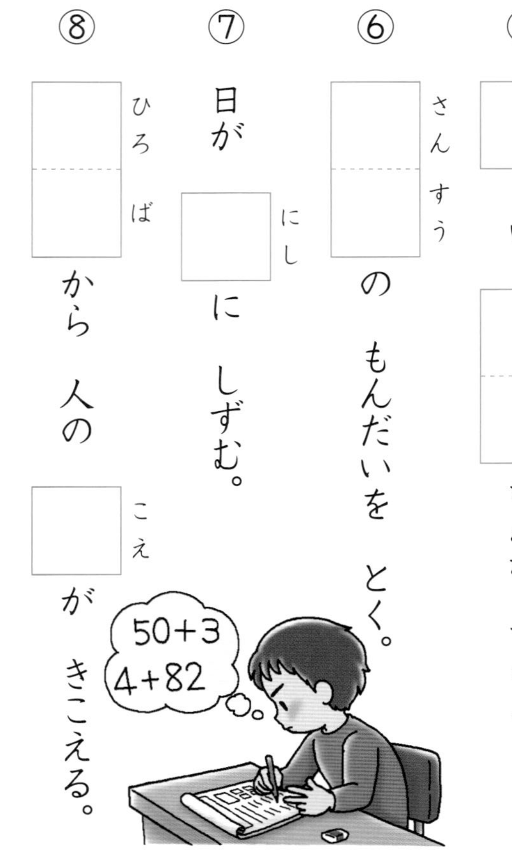

ひつじゅん 1 2 3 4 5　まちがえやすい　ところ…

…まちがえやすい　かん字

●…とめる　…はねる　…はらう　○…あける

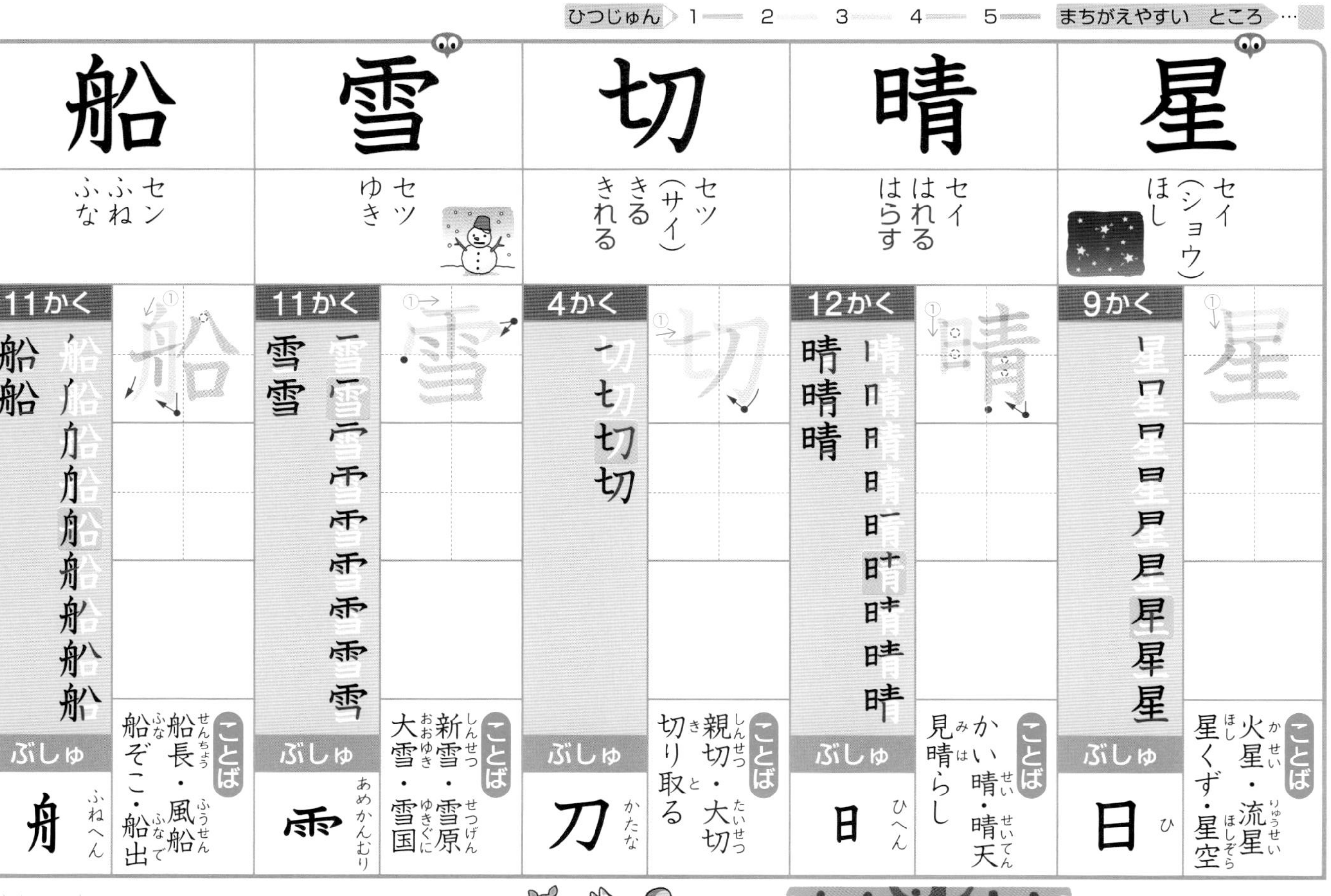

船

セン　ふね　ふな

11かく

ぶしゅ：舟（ふねへん）

ことば：船長（せんちょう）・風船（ふうせん）・船ぞこ（ふなぞこ）・船出（ふなで）

雪

セツ　ゆき

11かく

ぶしゅ：⻗（あめかんむり）

ことば：新雪（しんせつ）・雪原（せつげん）・大雪（おおゆき）・雪国（ゆきぐに）

切

セツ　（サイ）　きる　きれる

4かく

ぶしゅ：刀（かたな）

ことば：親切（しんせつ）・大切（たいせつ）・切り取る（きりとる）

晴

セイ　はれる　はらす

12かく

ぶしゅ：日（ひへん）

ことば：かい晴（かいせい）・晴天（せいてん）・見晴らし（みはらし）

星

セイ　（ショウ）　ほし

9かく

ぶしゅ：日（ひ）

ことば：火星（かせい）・流星（りゅうせい）・星くず（ほしくず）・星空（ほしぞら）

ひつじゅん 1 2 3 4 5 まちがえやすい ところ…

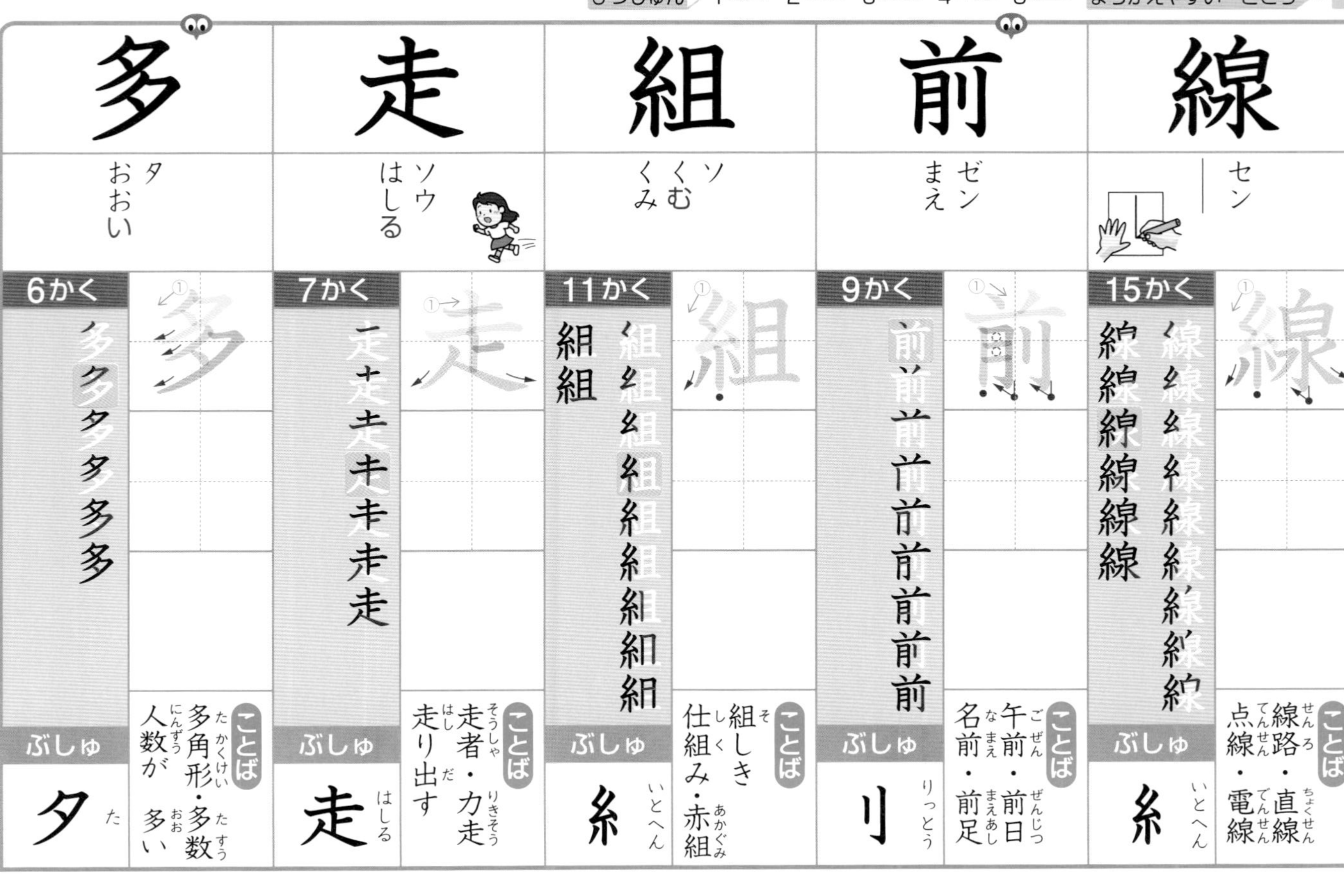

きほん

よんでみましょう

月　日

1つ10てん

／100てん

10ぷん

①　はさみで　紙を　切（　）る。

②　雪（　）が　やんで　晴（　）れる。

③　大きな　船（　）に　のる。

④　じょうぎを　つかって　線（　）を　引く。

⑤　ひらがなで　名前（　）を　書く。

⑥　二年　一組（　）の　たんにんの　先生。

⑦　犬が　うれしそうに　走（　）る。

⑧　空に　多数（　）の　星（　）が　かがやく。

月　　日

1つ10てん

10ぷん

／100てん

① はさみで　紙を　□(き)る。

② □(ゆき)が　やんで　□(は)れる。

③ 大きな　□(ふね)に　のる。

④ じょうぎを　つかって　□(せん)を　引く。

⑤ ひらがなで　□□(なまえ)を　書く。

⑥ 二年　□□(いちくみ)の　たんにんの　先生。

⑦ 犬が　うれしそうに　□(はし)る。

⑧ 空に　□□(たすう)の　□(ほし)が　かがやく。

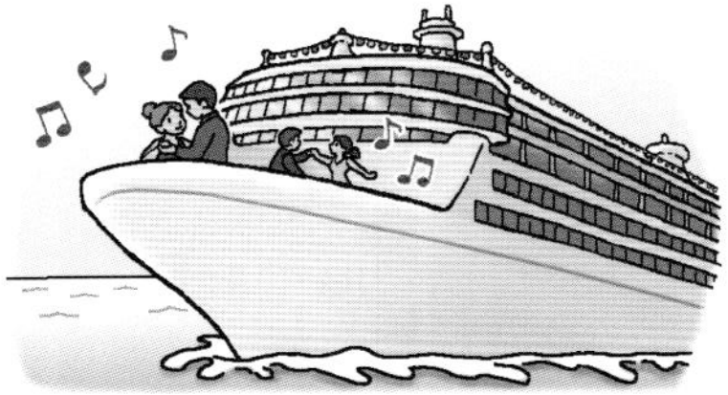

ひつじゅん 1 2 3 4 5 まちがえやすい ところ …

…まちがえやすい かん字

・…とめる …はねる …はらう ○…あける

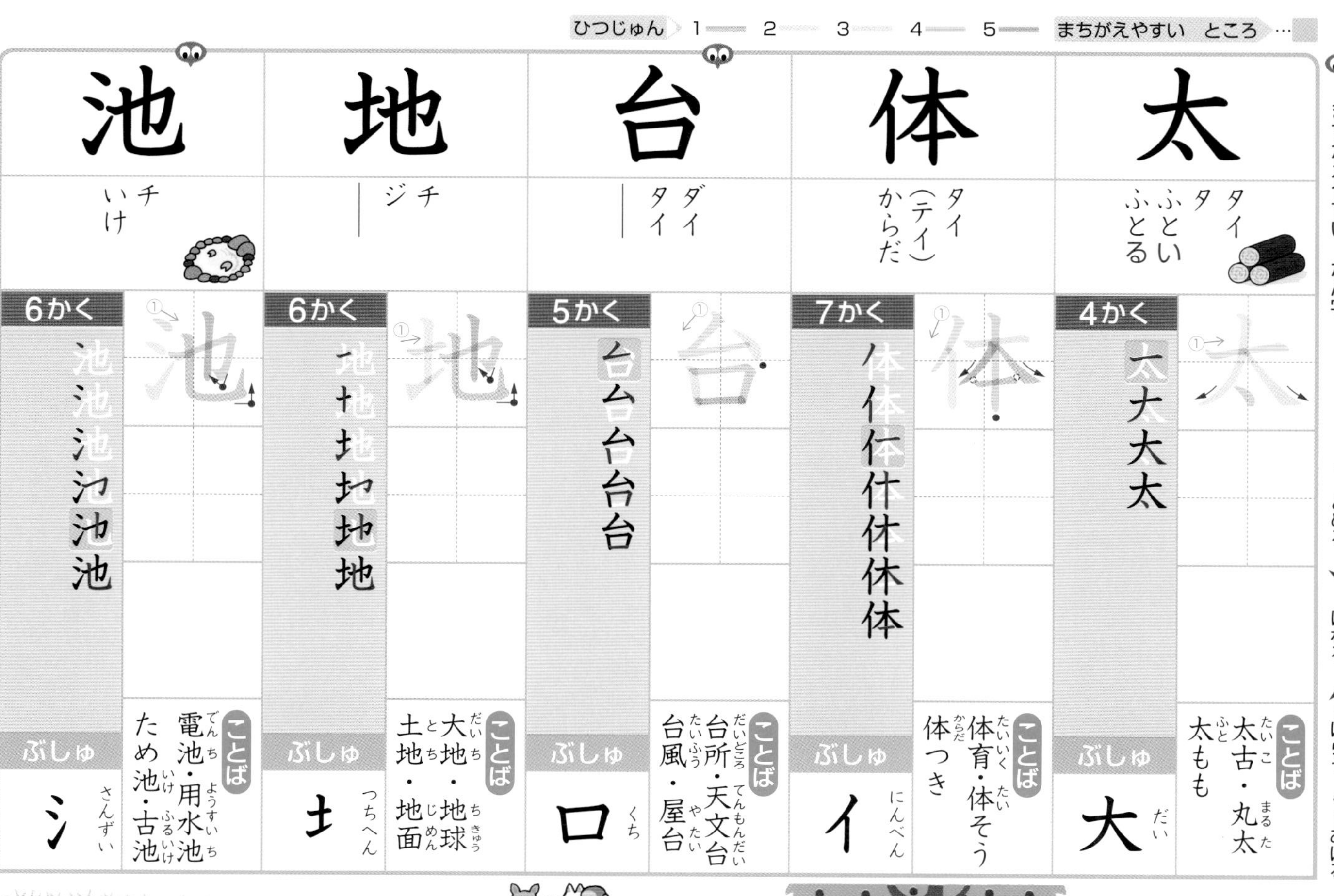

池	地	台	体	太
チ いけ	チ ジ	ダイ タイ	タイ (テイ) からだ	タイ タ ふとい ふとる
6かく 丶 丶 氵 汌 池 池	6かく 一 十 土 圠 地 地	5かく 厶 台 台 台 台	7かく ノ 亻 仁 什 休 休 体	4かく 一 ナ 大 太
ことば 電池(でんち)・用水池(ようすいち) ため池(いけ)・古池(ふるいけ)	ことば 大地(だいち)・地球(ちきゅう) 土地(とち)・地面(じめん)	ことば 台所(だいどころ)・天文台(てんもんだい) 台風(たいふう)・屋台(やたい)	ことば 体育(たいいく)・体(たい)そう 体(からだ)つき	ことば 太古(たいこ)・丸太(まるた) 太(ふと)もも
ぶしゅ 氵 さんずい	ぶしゅ 土 つちへん	ぶしゅ 口 くち	ぶしゅ 亻 にんべん	ぶしゅ 大 だい

ひつじゅん 1 2 3 4 5 まちがえやすい ところ …

…まちがえやすい かん字

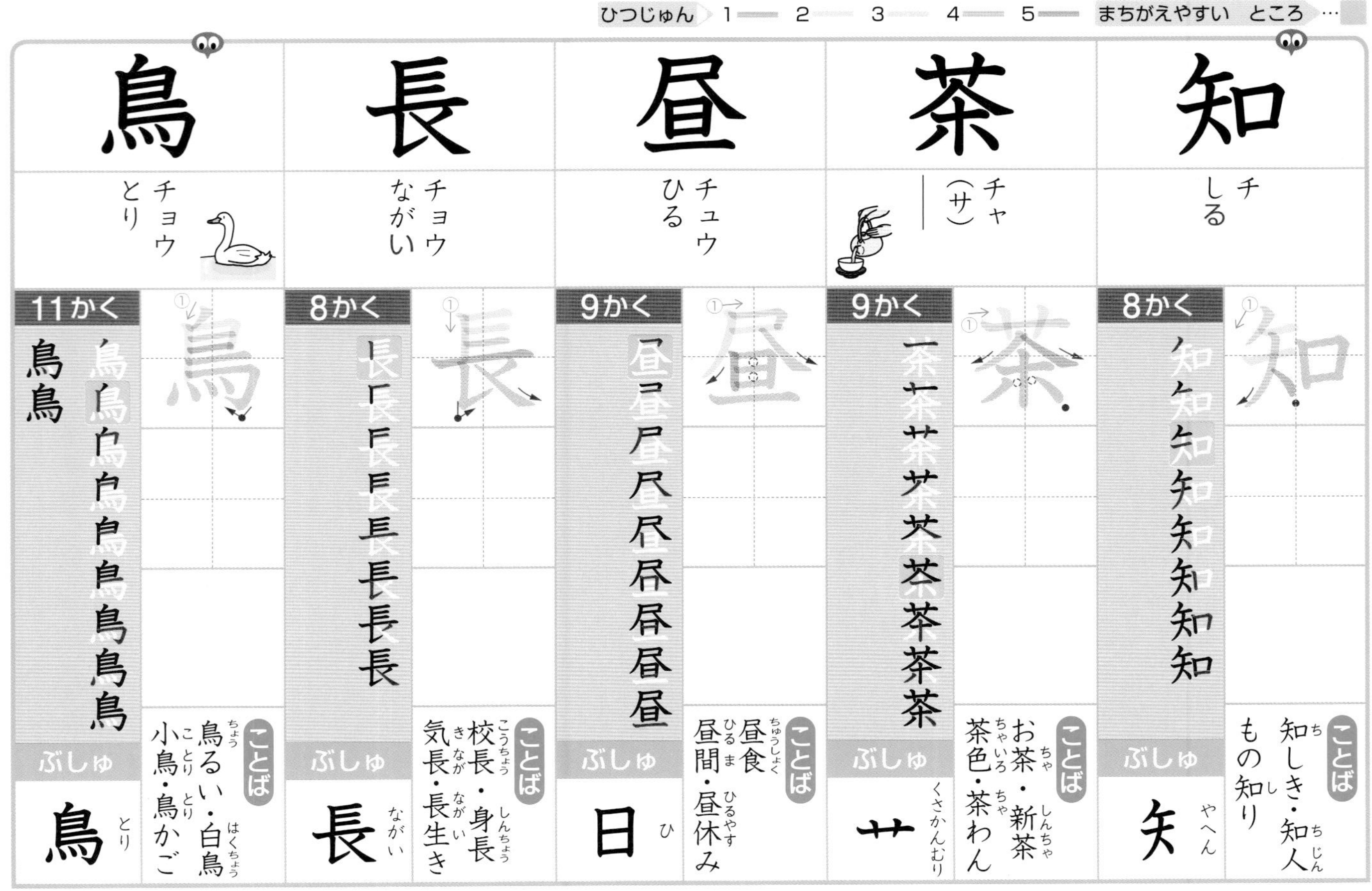

知

チ
しる

8かく

ぶしゅ 矢（やへん）

ことば 知しき・知人・もの知り

茶

チャ（サ）

9かく

ぶしゅ 艹（くさかんむり）

ことば お茶・新茶・茶色・茶わん

昼

チュウ
ひる

9かく

ぶしゅ 日（ひ）

ことば 昼食・昼間・昼休み

長

チョウ
ながい

8かく

ぶしゅ 長（ながい）

ことば 校長・身長・気長・長生き

鳥

チョウ
とり

11かく

ぶしゅ 鳥（とり）

ことば 鳥るい・白鳥・小鳥・鳥かご

●…とめる
…はねる
…はらう
○…あける

きほん

よんでみましょう

月　日

1つ10てん

10ぷん

／100てん

①　太い　ロープに　つかまる。（　）

②　ラジオ　体そうを　する。（　）

③　公園の　すべり台で　あそぶ。（　）

④　雨で　地めんが　ぬれる。（　）

⑤　本とうの　ことを　知る。（　）

⑥　あつい　お茶を　のむ。（　）

⑦　夏は　昼の　時間が　長い。（　）（　）

⑧　池で　およいで　いる　水鳥。（　）（　）

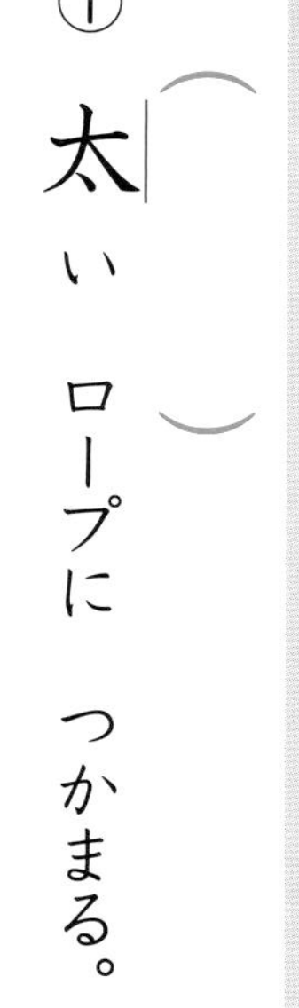

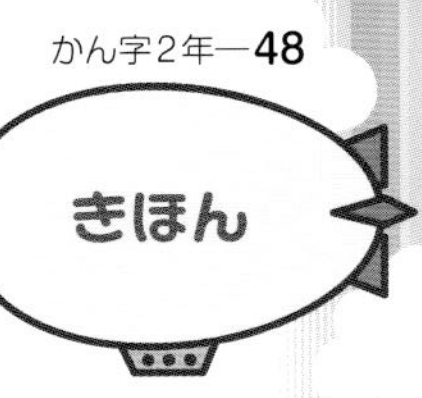

書いてみましょう

月　　日

1つ10てん

／100てん

10ぷん

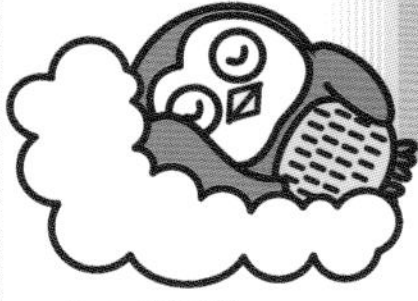

① □（ふと）い　ロープに　つかまる。

② ラジオ　□（たい）そうを　する。

③ 公園の　すべり　□（だい）で　あそぶ。

④ 雨で　□（じ）めんが　ぬれる。

⑤ 本とうの　ことを　□（し）る。

⑥ あつい　お　□（ちゃ）を　のむ。

⑦ 夏は　□（ひる）の　時間が　□（なが）い。

⑧ □（いけ）で　およいで　いる　□□（みずとり）。

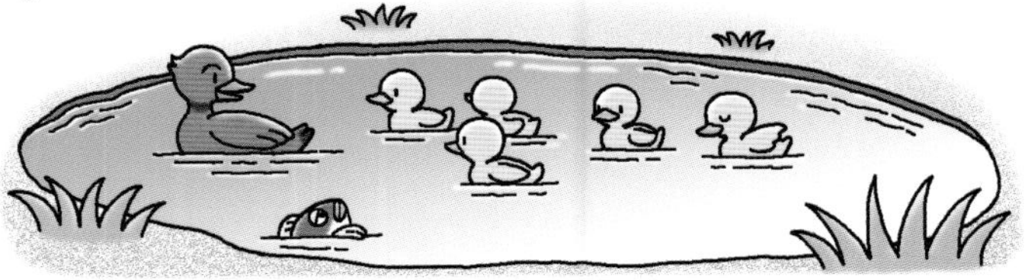

ひつじゅん 1 2 3 4 5 まちがえやすい ところ…

…まちがえやすい かん字

・…とめる …はねる …はらう …あける

	店	弟	通	直	朝
読み	テン みせ	(テイ) ダイ (デ) おとうと	ツウ (ツ) とおる とおす かよう	チョク ジキ ただちに なおす なおる	チョウ あさ
かく数	8かく	7かく	10かく	8かく	12かく
ことば	開店(かいてん)・書店(しょてん) 売店(ばいてん)・店先(みせさき)	兄弟(きょうだい)・弟分(おとうとぶん) わたしの弟(おとうと)	交通(こうつう)・通学(つうがく) 大通り(おおどおり)・風通し(かぜとおし)	日直(にっちょく)・正直(しょうじき) なか直り(なお)	早朝(そうちょう)・朝食(ちょうしょく) 朝日(あさひ)・朝夕(あさゆう)
ぶしゅ	广 まだれ	弓 ゆみ	辶 しんにょう	目 め	月 つき

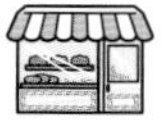

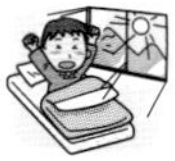

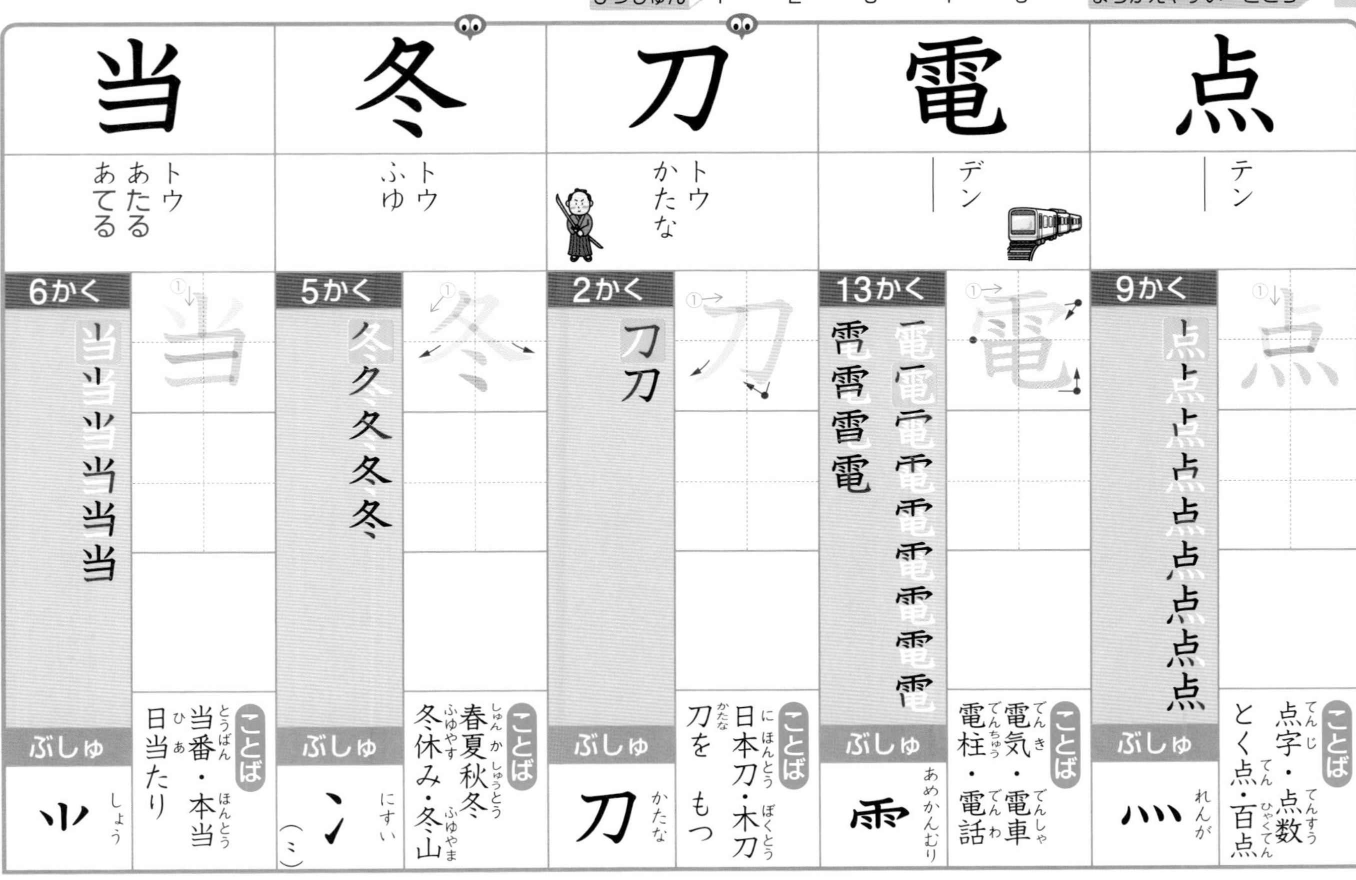
ひつじゅん 1 2 3 4 5 まちがえやすい ところ…
…まちがえやすい かん字
…とめる
…はねる
…はらう
…あける
点
テン
9かく
ことば
点字（てんじ）・点数（てんすう）
とく点（てん）・百点（ひゃくてん）
ぶしゅ
灬 れんが
電
デン
13かく
ことば
電気（でんき）・電車（でんしゃ）
電柱（でんちゅう）・電話（でんわ）
ぶしゅ
雨 あめかんむり
刀
トウ
かたな
2かく
ことば
日本刀（にほんとう）・木刀（ぼくとう）
刀（かたな）を もつ
ぶしゅ
刀 かたな
冬
トウ
ふゆ
5かく
ことば
春夏秋冬（しゅんかしゅうとう）
冬休（ふゆやす）み・冬山（ふゆやま）
ぶしゅ
冫 にすい （ミ）
当
トウ
あたる
あてる
6かく
ことば
当番（とうばん）・本当（ほんとう）
日当（ひあ）たり
ぶしゅ
⺌ しょう

よんでみましょう

月　　日

1つ10てん

10ぷん

／100てん

① 字の　まちがいを　直す。（　　）

② 四才の　弟が　いる。（　　）

③ えき前に　ある　店。（　　）

④ テストで　百点を　とる。（　　）（　　）

⑤ 電車が　トンネルを　通る。（　　）（　　）

⑥ ぶしが　もって　いた　刀。（　　）

⑦ 冬の　さむい　朝。（　　）（　　）

⑧ かべに　日が　当たる。（　　）

書いてみましょう

月　　日

1つ10てん

／100てん

10ぷん

① 字の　まちがいを　□(なお)す。

② 四才の　□(おとうと)が　いる。

③ えき前に　ある　□(みせ)。

④ テストで　□□(ひゃくてん)を　とる。

⑤ □□(でんしゃ)が　トンネルを　□(とお)る。

⑥ ぶしが　もって　いた　□(かたな)。

⑦ □(ふゆ)の　さむい　□(あさ)。

⑧ かべに　日が　□(あ)たる。

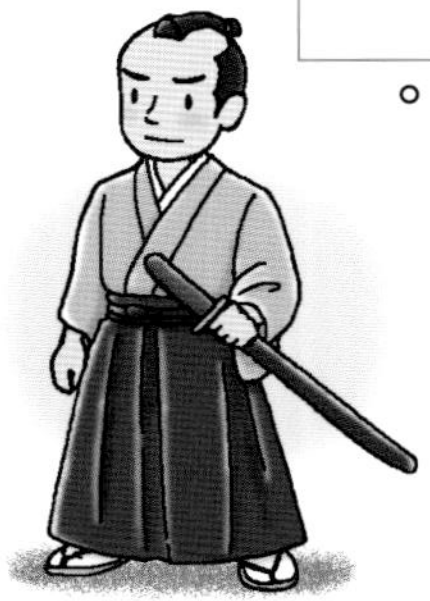

ひつじゅん 1 2 3 4 5 まちがえやすい ところ…

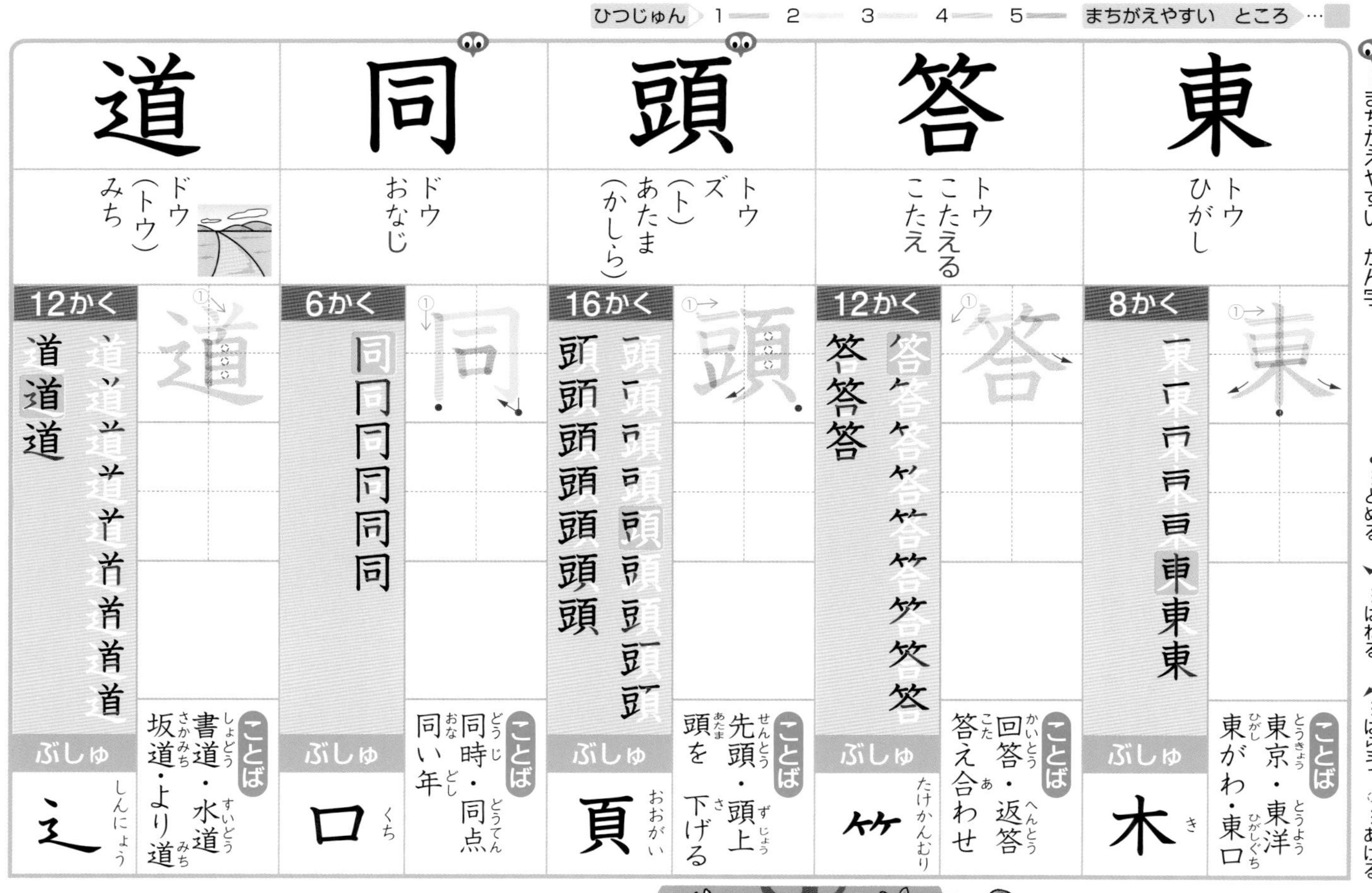

	道	同	頭	答	東
読み	ドウ（トウ） みち	ドウ おなじ	トウ ズ（ト） あたま（かしら）	トウ こたえる こたえ	トウ ひがし
かく数	12かく	6かく	16かく	12かく	8かく
ぶしゅ	⻍（しんにょう）	口（くち）	頁（おおがい）	⺮（たけかんむり）	木（き）
ことば	書道（しょどう）・水道（すいどう）・坂道（さかみち）・より道（みち）	同時（どうじ）・同点（どうてん）・同（おな）い年（どし）	先頭（せんとう）・頭上（ずじょう）・頭（あたま）を下（さ）げる	回答（かいとう）・返答（へんとう）・答（こた）え合（あ）わせ	東京（とうきょう）・東洋（とうよう）・東（ひがし）がわ・東口（ひがしぐち）

●…とめる　…はねる　…はらう　○…あける

…まちがえやすい　かん字

ひつじゅん 1 2 3 4 5 まちがえやすい ところ…

…まちがえやすい かん字

・…とめる ／…はねる ／…はらう ○…あける

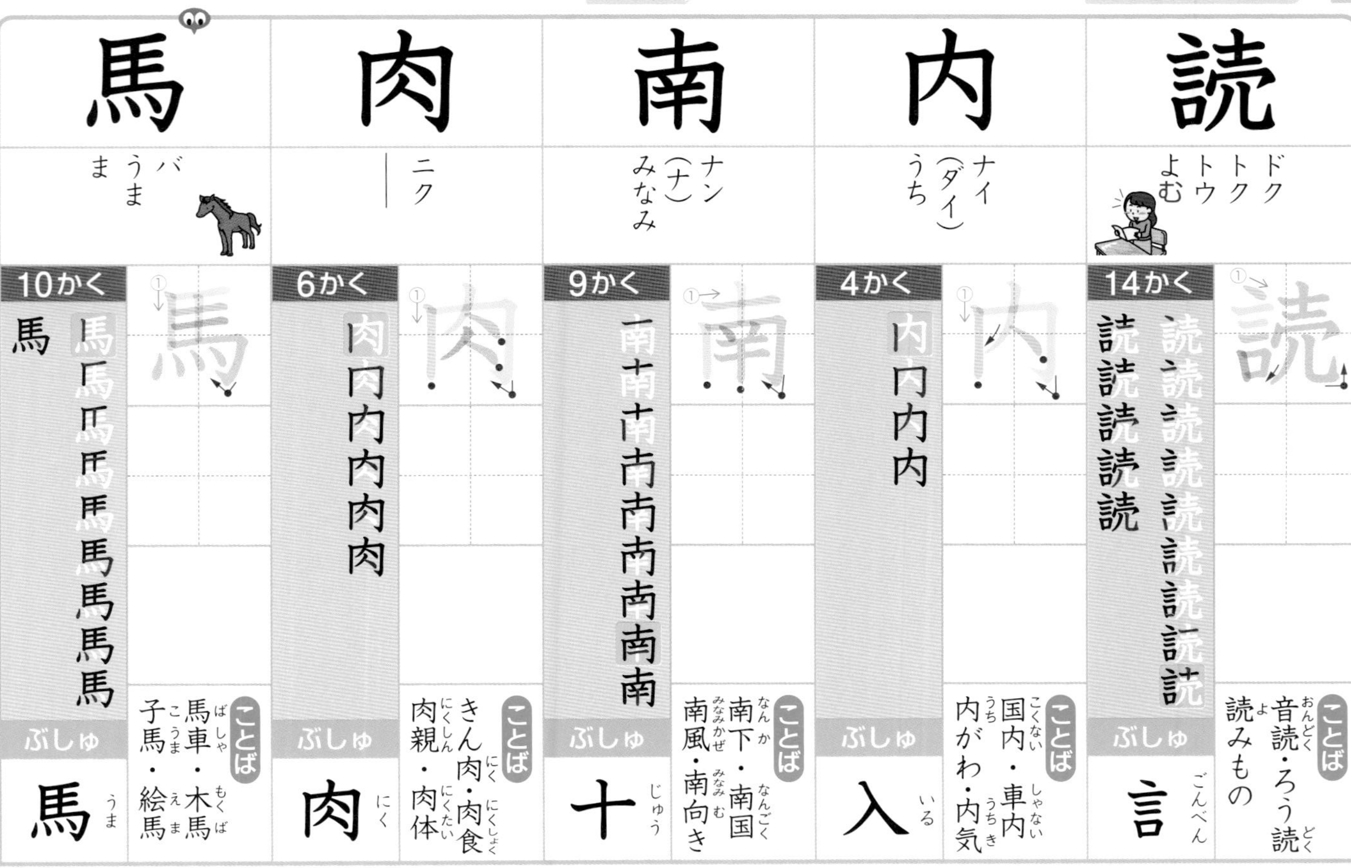

読

ドク トク トウ よむ

14かく

ぶしゅ：言（ごんべん）

ことば：音読（おんどく）・ろう読（どく）・読（よ）みもの

内

ナイ（ダイ） うち

4かく

ぶしゅ：入（いる）

ことば：国内（こくない）・車内（しゃない）・内（うち）がわ・内気（うちき）

南

ナン（ナ） みなみ

9かく

ぶしゅ：十（じゅう）

ことば：南下（なんか）・南国（なんごく）・南風（みなみかぜ）・南向（みなみむ）き

肉

ニク

6かく

ぶしゅ：肉（にく）

ことば：きん肉（にく）・肉食（にくしょく）・肉親（にくしん）・肉体（にくたい）

馬

バ うま ま

10かく

ぶしゅ：馬（うま）

ことば：馬車（ばしゃ）・木馬（もくば）・子馬（こうま）・絵馬（えま）

きほん

読んでみましょう

月　日

1つ10点

／100点

① 東京（　　）は　日本の　しゅとだ。

② 先生の　しつもんに　答（　）える。

③ 行きと　同（　）じ　道（　）を　帰る。

④ 文しょうを　音読（　　）する。

⑤ はなしの　内（　）ようが　わかる。

⑥ 日が　当たる　南（　）むきの　へや。

⑦ 牛肉（　　）を　つかった　りょうり。

⑧ やさしく　馬（　）の　頭（　）を　なでる。

きほん

書いてみましょう

月　日

1つ10点

／100点

10ぷん

① □□（とうきょう）は　日本の　しゅとだ。

② 先生の　しつもんに　□（こた）える。

③ 行きと　□（おな）じ　□（みち）を　帰る。

④ 文しょうを　□□（おんどく）する。

⑤ はなしの　□（ない）ようが　わかる。

⑥ 日が　当たる　□（みなみ）むきの　へや。

⑦ □□（ぎゅうにく）を　つかった　りょうり。

⑧ やさしく　□（うま）の　□（あたま）を　なでる。

やってみましょう 3

月　日

／100点　10ぷん

1 ――の かん字の よみがなを 書きましょう。　一つ7〔28点〕

(1) あん心する。（　　）

(2) 図工の 時間。（　　）（　　）

(3) 大きな 数。（　　）

(4) 午前十時（　　）（　　）

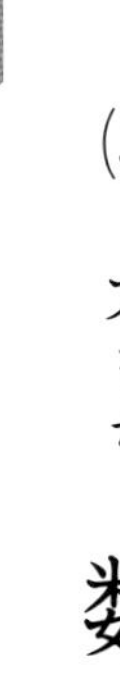

2 □に あてはまる かん字を 書きましょう。　一つ9〔36点〕

(1) □□（しちょう）を えらぶ。

(2) 画よう□（し）

(3) □□（しんせつ）な 人。

(4) 字を □（よ）む。

3 はんたいの いみに なる ことばを かん字と おくりがなで 書きましょう。　一つ9〔36点〕

(1) ①〔あたらしい〕 ↔ ②〔ふるい〕

(2) ①〔おおい〕 ↔ ②〔すくない〕

答えは79ページ

やってみましょう 4

月　日

／100点　10ぷん

1 ――の かん字の 読みがなを 書きましょう。 一つ7〔28点〕

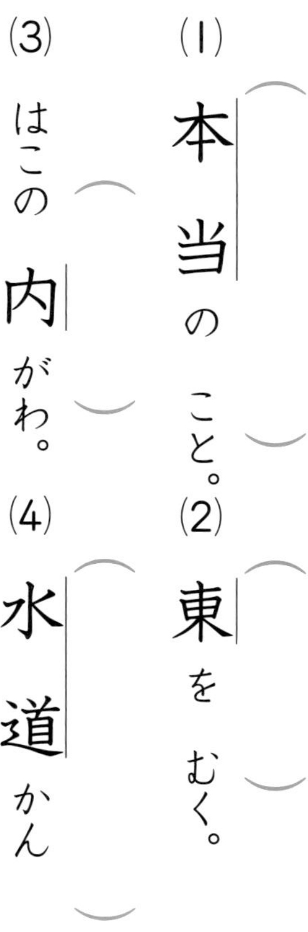

(1) 本当（　）の こと。

(2) 東（　）を むく。

(3) はこの 内（　）がわ。

(4) 水道（　）かん

2 □に あてはまる かん字を 書きましょう。 一つ9〔36点〕

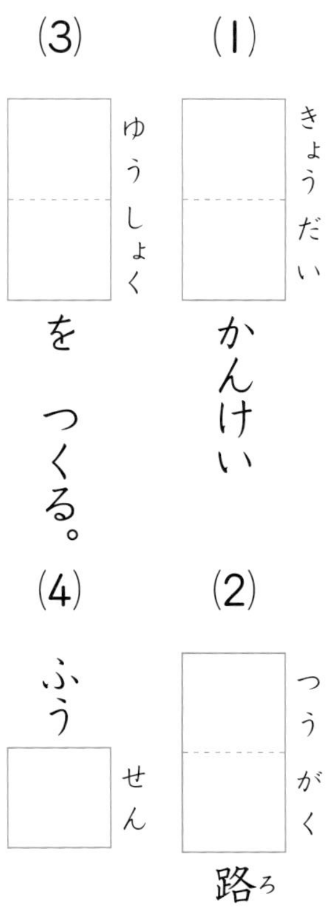

(1) □□（きょうだい） かんけい

(2) □□（つうがく） 路ろ

(3) □□（ゆうしょく） を つくる。

(4) ふう □（せん）

3 つぎの ぶぶんが つく かん字を 書きましょう。 一つ9〔36点〕

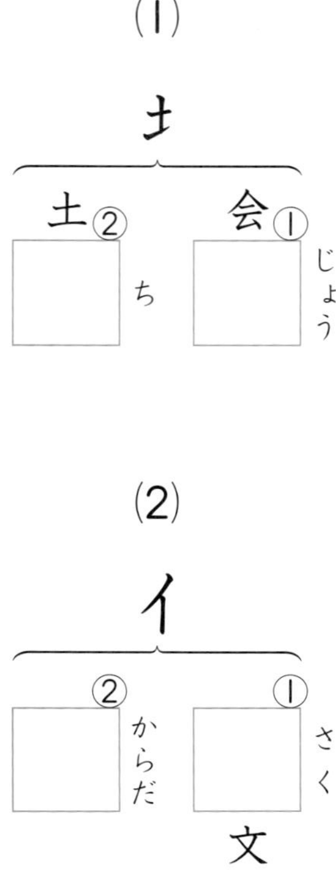

(1) 土
①会 □（じょう）　②土 □（ち）

(2) イ
①□（さく） 文　②□（からだ）

答えは79ページ

ひつじゅん 1 2 3 4 5 まちがえやすい ところ…

…まちがえやすい かん字

●…とめる ↘…はねる ↙…はらう ○…あける

番

バン

12かく

ことば：一番（いちばん）・交番（こうばん）・番組（ばんぐみ）・番号（ばんごう）

ぶしゅ：田（た）

半

ハン　なかば

5かく

ことば：前半（ぜんはん）・半（はん）そで・月（つき）の半（なか）ば

ぶしゅ：十（じゅう）

麦

（バク）　むぎ

7かく

ことば：小麦（こむぎ）・麦茶（むぎちゃ）・麦畑（むぎばたけ）・麦（むぎ）わら

ぶしゅ：麦（むぎ）

買

バイ　かう

12かく

ことば：売買（ばいばい）・買（か）いもの

ぶしゅ：貝（かい）

売

バイ　うる　うれる

7かく

ことば：商売（しょうばい）・売店（ばいてん）・売（う）り切（き）れ

ぶしゅ：士（さむらい）

ひつじゅん 1 2 3 4 5　まちがえやすい　ところ…

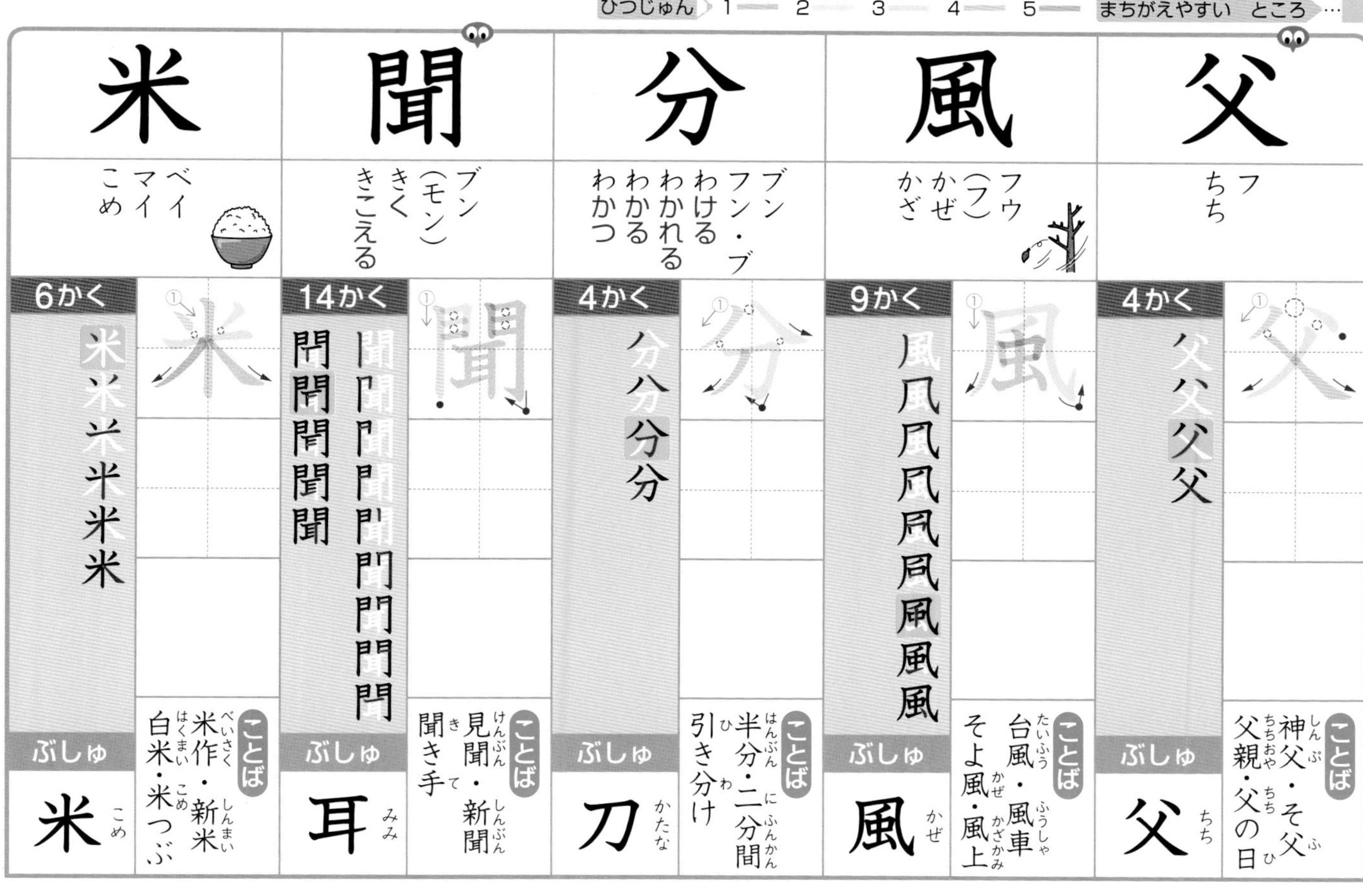

米

ベイ・マイ・こめ

6かく

ぶしゅ：米（こめ）

ことば：米作（べいさく）・新米（しんまい）・白米（はくまい）・米（こめ）つぶ

聞

ブン・（モン）・きく・きこえる

14かく

ぶしゅ：耳（みみ）

ことば：見聞（けんぶん）・新聞（しんぶん）・聞（き）き手（て）

分

ブン・フン・ブ・わける・わかれる・わかる・わかつ

4かく

ぶしゅ：刀（かたな）

ことば：半分（はんぶん）・二分間（にふんかん）・引（ひ）き分（わ）け

風

フウ・（フ）・かぜ・かざ

9かく

ぶしゅ：風（かぜ）

ことば：台風（たいふう）・風車（ふうしゃ）・そよ風（かぜ）・風上（かざかみ）

父

フ・ちち

4かく

ぶしゅ：父（ちち）

ことば：神父（しんぷ）・そ父（ふ）・父親（ちちおや）・父（ちち）の日（ひ）

まちがえやすい　かん字

●…とめる　…はねる　…はらう　○…あける

読んでみましょう

月　日

1つ10点

／100点

10ぷん

① しなものを　やすく　売る。（　　）

② つめたい　麦茶を　のむ。（　　）

③ りんごを　半分に　切る。（　　）

④ すきな　テレビ番組。（　　）

⑤ あたたかい　風が　ふく。（　　）

⑥ おかしを　三人で　分ける。（　　）

⑦ つかいかたを　父に　聞く。（　　）（　　）

⑧ 米を　一ふくろ　買う。（　　）（　　）

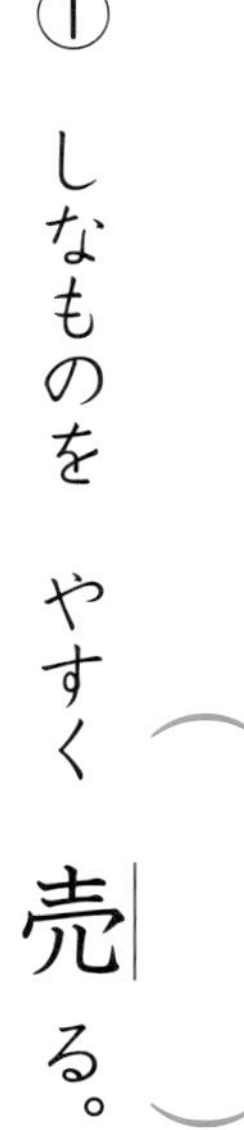

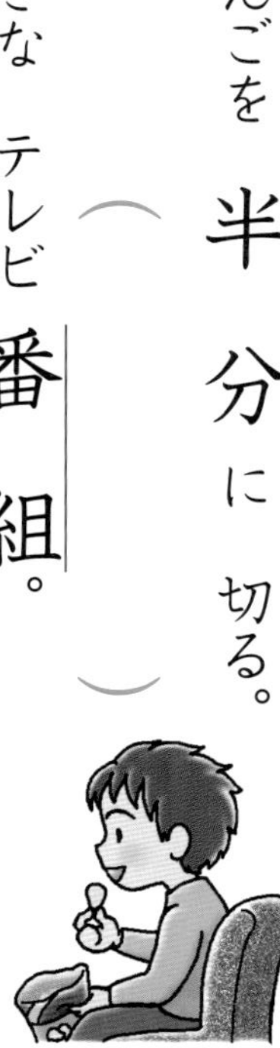

書いてみましょう

月　　日

1つ10点

／100点

10ぷん

① しなものを　やすく　□(う)る。

② つめたい　□□(むぎちゃ)を　のむ。

③ りんごを　□□(はんぶん)に　切る。

④ すきな　テレビ　□□(ばんぐみ)。

⑤ あたたかい　□(かぜ)が　ふく。

⑥ おかしを　三人で　□(わ)ける。

⑦ つかいかたを　□(ちち)に　□(き)く。

⑧ □(こめ)を　一ふくろ　□(か)う。

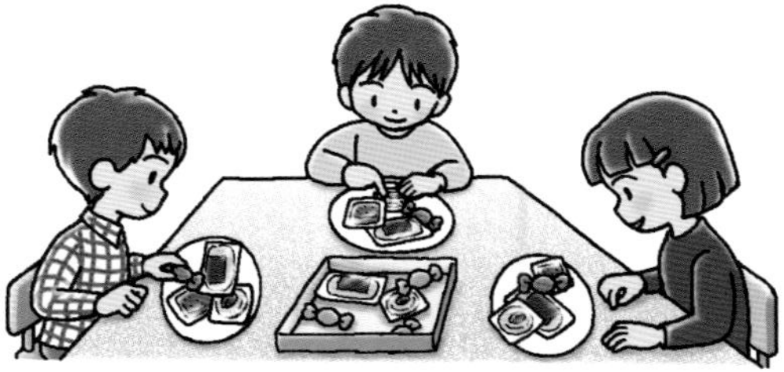

ひつじゅん 1 2 3 4 5 まちがえやすい ところ…

まちがえやすい かん字

かん字	読み	かくすう	ぶしゅ	ことば
毎	マイ	6かく	母（なかれ）	毎朝（まいあさ）・毎週（まいしゅう） 毎月（まいつき）・毎日（まいにち）
北	ホク きた	5かく	匕（ひ）	東北（とうほく）・北上（ほくじょう） 北風（きたかぜ）・北国（きたぐに）
方	ホウ かた	4かく	方（ほう）	方角（ほうがく）・方向（ほうこう） やり方（かた）・夕方（ゆうがた）
母	ボ はは	5かく	母（毋）（なかれ）	そ母（ぼ）・父母（ふぼ） 母親（ははおや）
歩	ホ（ブ）（フ） あるく あゆむ	8かく	止（とめる）	歩行（ほこう）・歩道（ほどう） 一人歩き（ひとりあるき）

●…とめる　はねる　はらう　あける

ワン！

ひつじゅん 1 2 3 4 5　まちがえやすい　ところ…

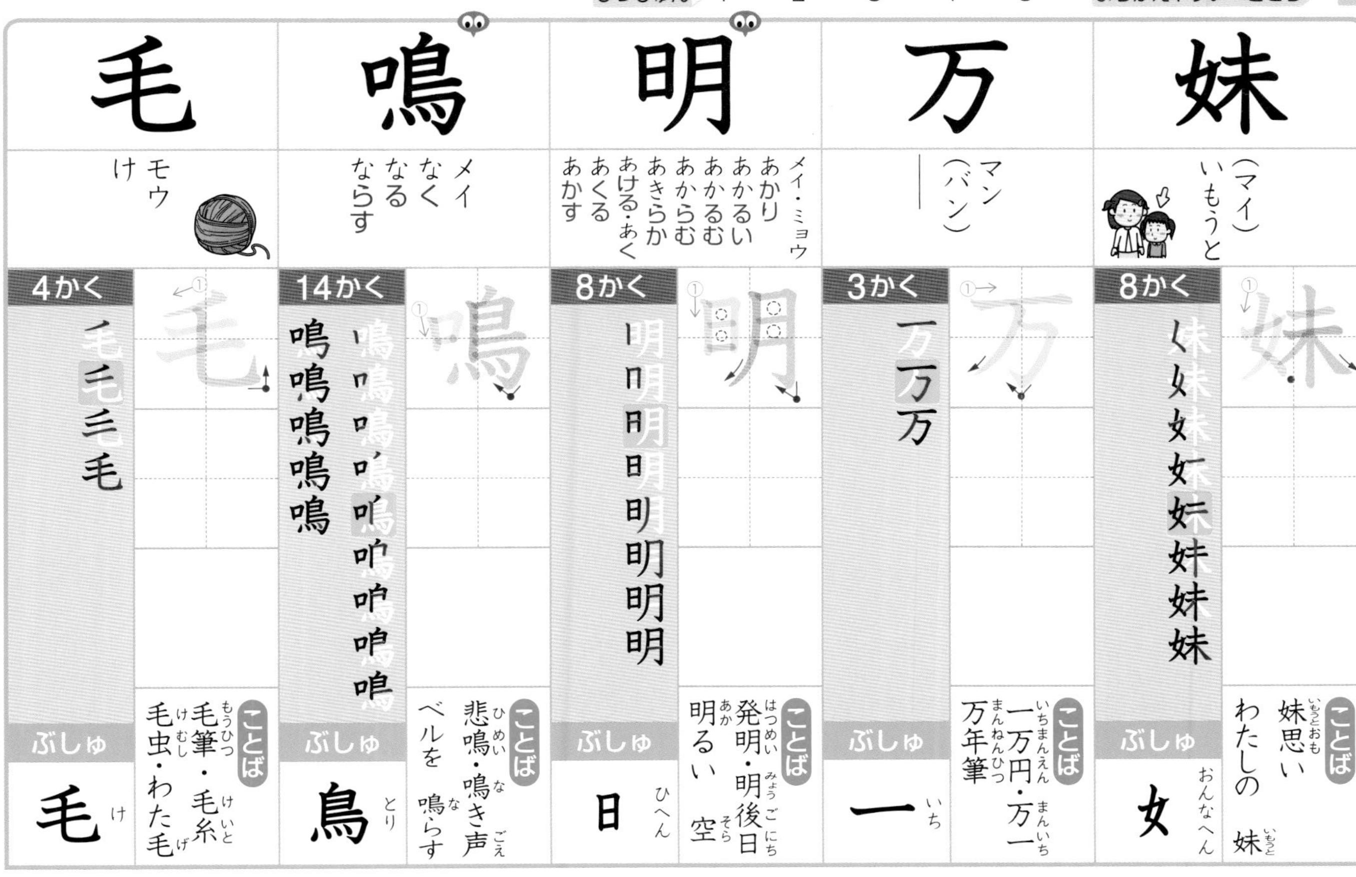

妹
（マイ）
いもうと

8かく
ぶしゅ：女（おんなへん）

ことば：妹思い（いもうとおもい）・わたしの妹（いもうと）

万
マン
（バン）

3かく
ぶしゅ：一（いち）

ことば：一万円（いちまんえん）・万一（まんいち）・万年筆（まんねんひつ）

明
メイ・ミョウ
あかり
あかるい
あかるむ
あからむ
あきらか
あける・あく
あくる
あかす

8かく
ぶしゅ：日（ひへん）

ことば：発明（はつめい）・明後日（みょうごにち）・明（あか）るい空（そら）

鳴
メイ
なく
なる
ならす

14かく
ぶしゅ：鳥（とり）

ことば：悲鳴（ひめい）・鳴（な）き声（ごえ）・ベルを鳴（な）らす

毛
モウ
け

4かく
ぶしゅ：毛（け）

ことば：毛筆（もうひつ）・毛糸（けいと）・毛虫（けむし）・わた毛（げ）

…まちがえやすい　かん字
●…とめる
…はねる
…はらう
○…あける

読んでみましょう

月　日

1つ10点

10ぷん

／100点

① 母と　いっしょに　歩く。（　）（　）

② 山が　北の　方角に　見える。（　）（　）

③ 毎日　体そうを　する。（　）

④ 妹の　めんどうを　見る。（　）

⑤ 一万円さつを　つかう。（　）

⑥ 空が　とても　明るい。（　）

⑦ こおろぎの　鳴き声が　聞こえる。（　）

⑧ タンポポの　わた毛。（　）

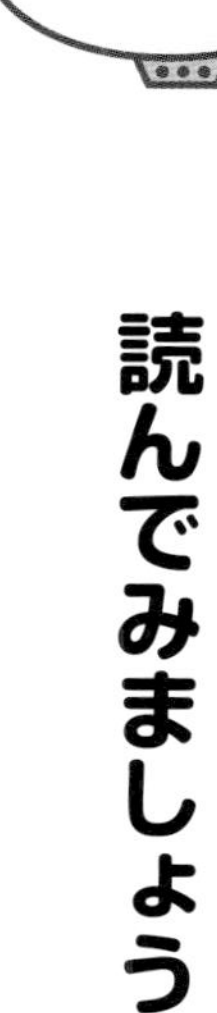

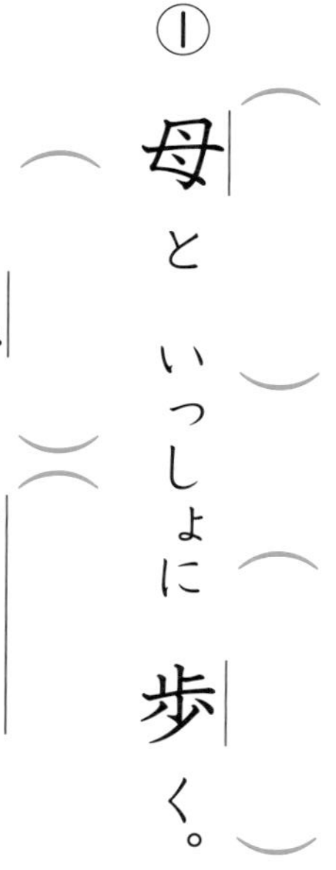

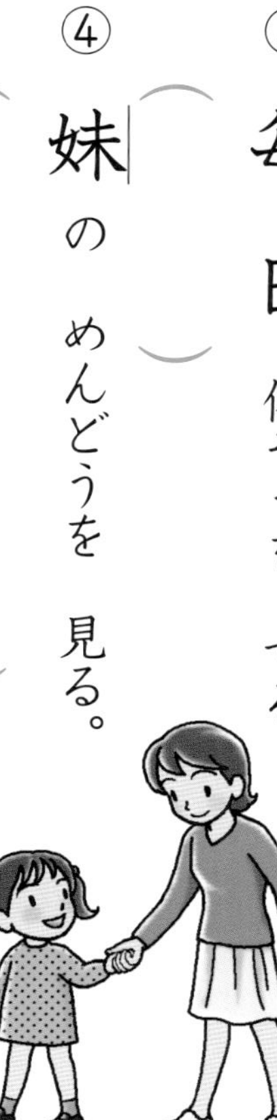

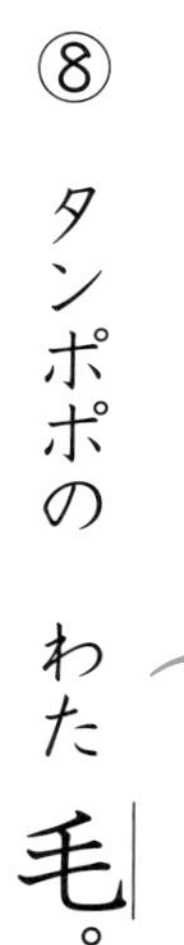
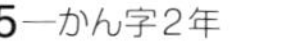

きほん

書いてみましょう

月　日

1つ10点　／100点

10ぷん

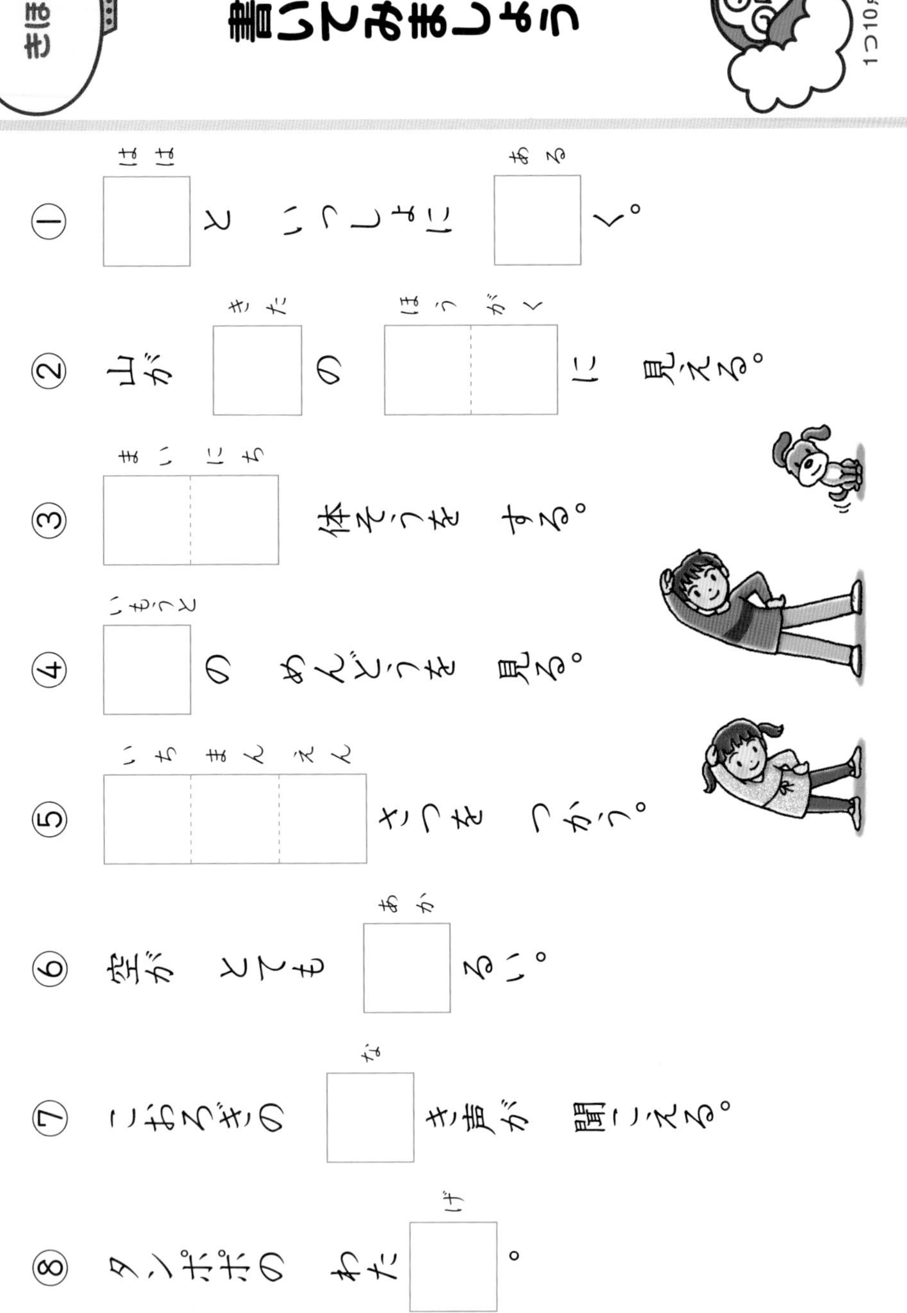

① □(はは)と　いっしょに　□(ある)く。

② 山が　□(きた)の　□□(ほうがく)に　見える。

③ □□(まいにち)体そうを　する。

④ □(いもうと)の　めんどうを　見る。

⑤ □□□(いちまんえん)さつを　つかう。

⑥ 空が　とても　□(あか)るい。

⑦ こおろぎの　□(な)き声が　聞こえる。

⑧ タンポポの　わた□(げ)。

ひつじゅん 1 2 3 4 5 まちがえやすい ところ …

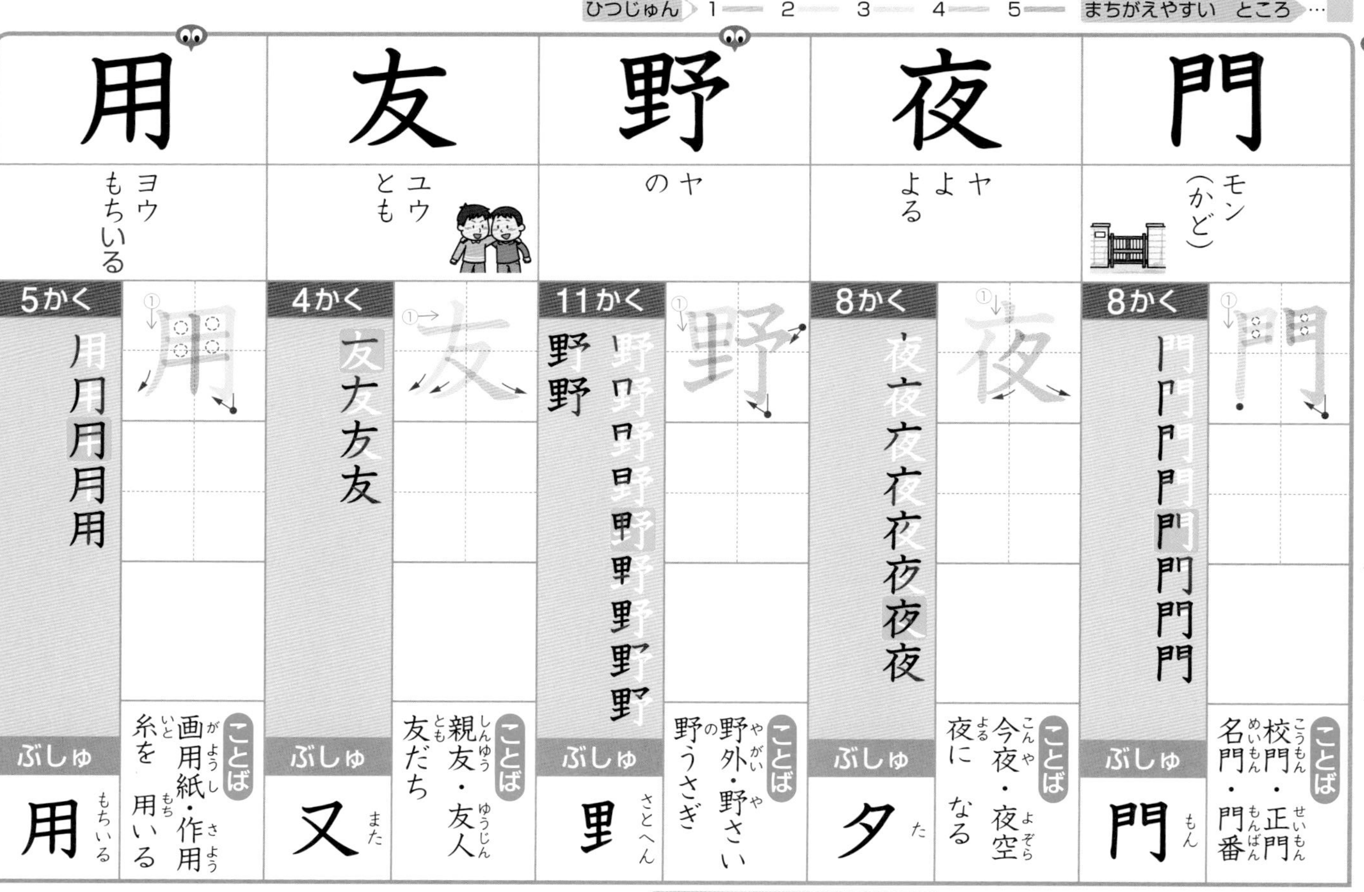

用

ヨウ
もちいる

5かく

ことば：画用紙（がようし）・作用（さよう）
糸（いと）を 用（もち）いる

ぶしゅ：用（もちいる）

友

ユウ
とも

4かく

ことば：親友（しんゆう）・友人（ゆうじん）
友（とも）だち

ぶしゅ：又（また）

野

ヤ
の

11かく

ことば：野外（やがい）・野（や）さい
野（の）うさぎ

ぶしゅ：里（さとへん）

夜

ヤ
よ
よる

8かく

ことば：今夜（こんや）・夜空（よぞら）
夜（よる）に なる

ぶしゅ：夕（た）

門

モン
（かど）

8かく

ことば：校門（こうもん）・正門（せいもん）
名門（めいもん）・門番（もんばん）

ぶしゅ：門（もん）

まちがえやすい かん字

● …とめる　…はねる　…はらう　○ …あける

ひつじゅん 1 2 3 4 5 まちがえやすい ところ…

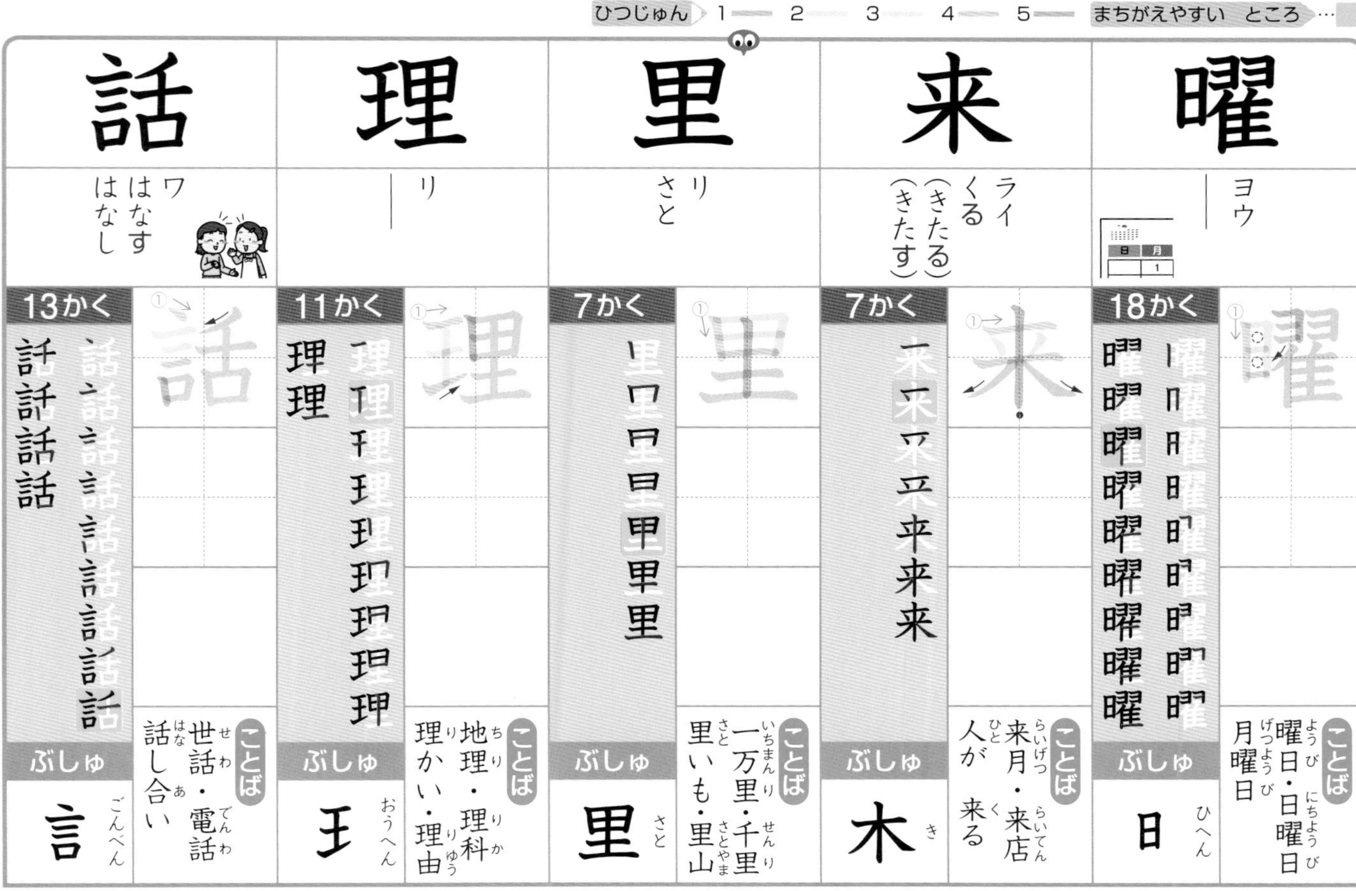

曜
ヨウ

18かく

ぶしゅ：日（ひへん）

ことば：曜日（ようび）・日曜日（にちようび）・月曜日（げつようび）

来
ライ
くる
（きたる）
（きたす）

7かく

ぶしゅ：木（き）

ことば：来月（らいげつ）・来店（らいてん）・人（ひと）が来（く）る

里
リ
さと

7かく

ぶしゅ：里（さと）

ことば：一万里（いちまんり）・千里（せんり）・里（さと）いも・里山（さとやま）

理
リ

11かく

ぶしゅ：王（おうへん）

ことば：地理（ちり）・理科（りか）・理（り）かい・理由（りゆう）

話
ワ
はなす
はなし

13かく

ぶしゅ：言（ごんべん）

ことば：世話（せわ）・電話（でんわ）・話（はな）し合（あ）い

まちがえやすい かん字

●…とめる
…はねる
…はらう
○…あける

読んでみましょう

月　　日

1つ10点

／100点

①　しろの　大きな　門（　　　）を　くぐる。

②　野原（　　　）を　かけ回る。

③　画用紙（　　　）に　絵を　かく。

④　日曜日（　　　）に　つりに　行く。

⑤　来年（　　　）には　九才に　なる。

⑥　山里（　　　）の　しずかな　夜（　　　）。

⑦　理科（　　　）の　べん強を　する。

⑧　友（　　　）だちと　話（　　　）を　する。

書いてみましょう

月　　日

1つ10点

／100点

① しろの　大きな　□（もん）を　くぐる。

② □□（のはら）を　かけ回る。

③ □□□（がようし）に　絵を　かく。

④ □□□（にちようび）に　つりに　行く。

⑤ □□（らいねん）には　九才に　なる。

⑥ □□（やまざと）の　しずかな　□（よる）。

⑦ □□（りか）の　べん強を　する。

⑧ □（とも）だちと　□（はなし）を　する。

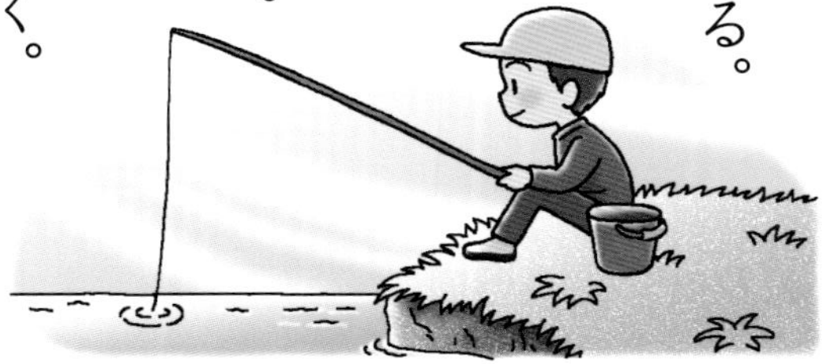

やってみましょう　5

月　　日

／100点　10ぷん

1 ——の　かん字の　読みがなを　書きましょう。　一つ7〔28点〕

(1) 強風（　　）が　ふく。　(2) 二分（　　）まつ。

(3) 夕方（　　）に　なる。　(4) 友だちが　来（　　）る。

2 □に　あてはまる　かん字を　書きましょう。　一つ9〔36点〕

(1) □□（でんわ）を　する。　(2) ま□□（よなか）

(3) 話を　□（き）く。　(4) 本を　□（か）う。

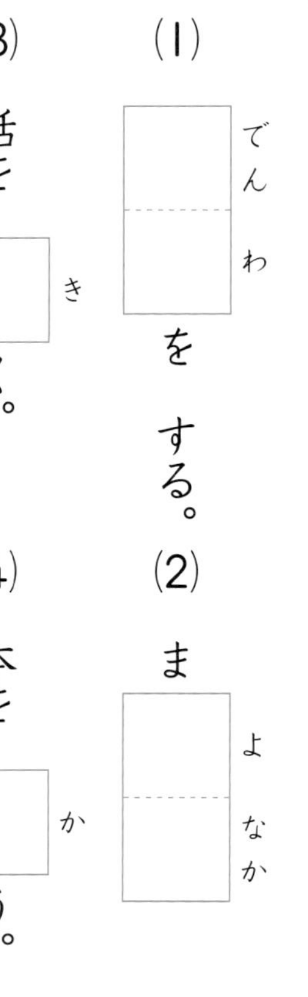
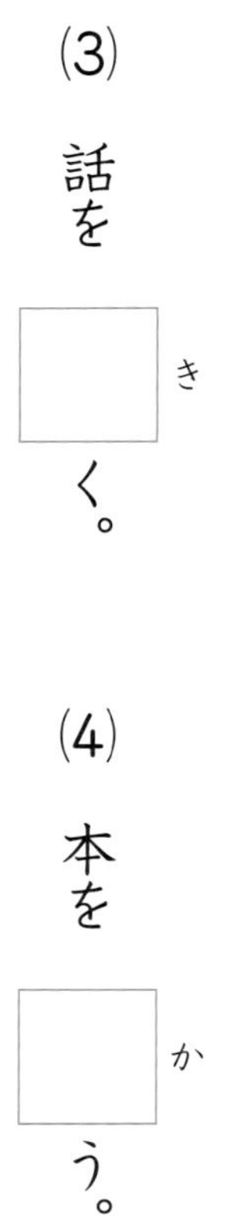

3 つぎの　かん字を　組み合わせると、べつの　かん字に　なります。それを　□に　書きましょう。　一つ9〔36点〕

(1) 止　＋　少　→　□　(2) 門　＋　耳　→　□

(3) 口　＋　鳥　→　□　(4) 日　＋　月　→　□

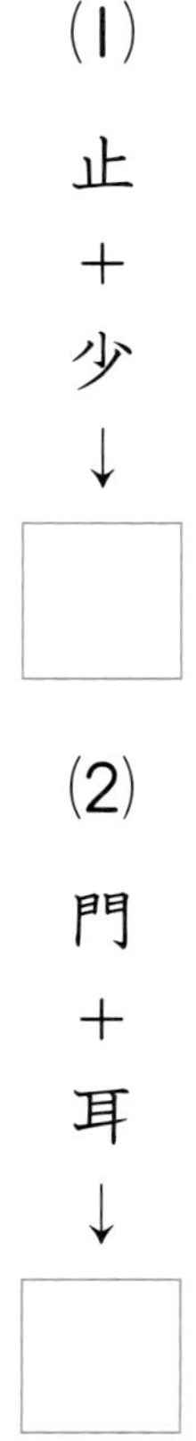
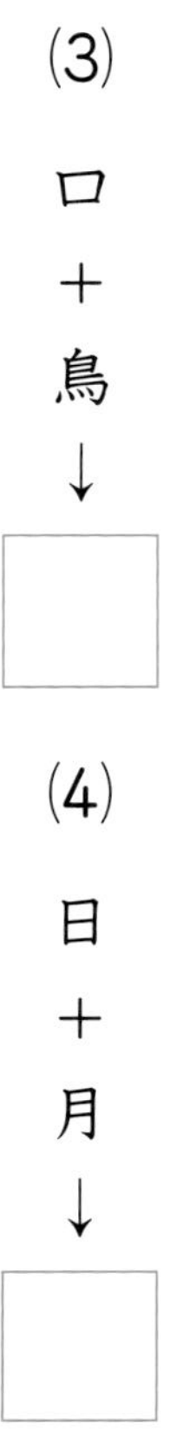

答えは79ページ

二年生のまとめ 1 書いてみましょう

月　日

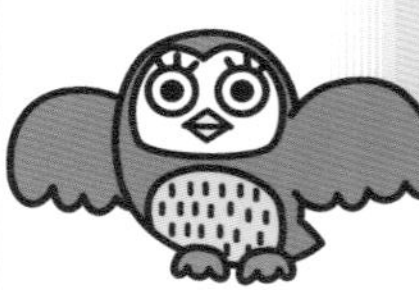

1つ10点

10ぷん　／100点

・〜〜〜は、かん字と　ひらがなで　書きましょう。

① ［　　］（なんば）もの　はとが　とぶ。

② うちゅうに　ある　［　　］（せいうん）。

③ ［　　］（らくえん）の　ような　［　　］（のはら）。

④ ［　　］（りか）の　しゅくだいを　する。

⑤ ［　　］（うたごえ）の　する　［　　］（ほうがく）。

⑥ のみものだいを　［　　］（かいけい）で　しはらう。

⑦ 山ちょうまでは　まだ　〜〜とおい〜〜　［　　　　］。

⑧ いきおいよく　〜〜はしる〜〜　［　　　　］。

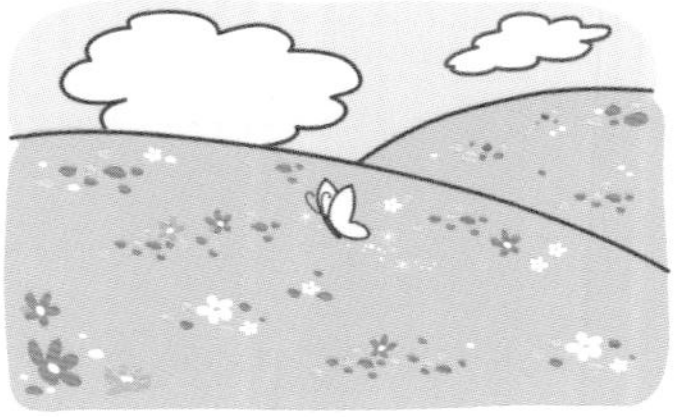

答えは79ページ

二年生のまとめ 2 書いてみましょう

月　日

1つ10点

／100点

・〜〜〜は、かん字と　ひらがなで　書きましょう。

① 目で［あいず］を　する。

② ゆう名な［かいが］。

③［こがい］で　あそぶ。

④［まるた］で　できた　家。

⑤［きんかい］を［きせん］が　すすむ。

⑥［いわば］は［にしかぜ］が　ふいて　いる。

⑦ ノートに　書き（~~しるす~~）。

⑧ りょう手を（~~ひろげる~~）。

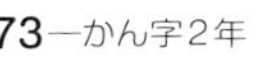

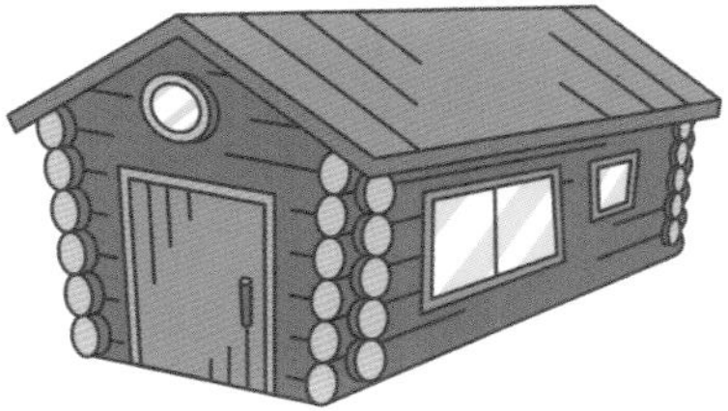

はってん

二年生のまとめ 3 書いてみましょう

月　日

1つ10点

10ぷん　／100点

・〰〰は、かん字と　ひらがなで　書きましょう。

① ふえの　音に　□□（きょうじゃく）を　つける。

② アメリカから　□□（きこく）する。

③ □□（かおいろ）が　よい。

④ アンケートの　□□（かいとう）。

⑤ □□（とうきょう）は　□□（あきば）れだ。

⑥ □□（こうさく）で　□□（ゆみや）を　つくる。

⑦ よい　方ほうを　（かんがえる）。

⑧ 自てん車を　（とめる）。

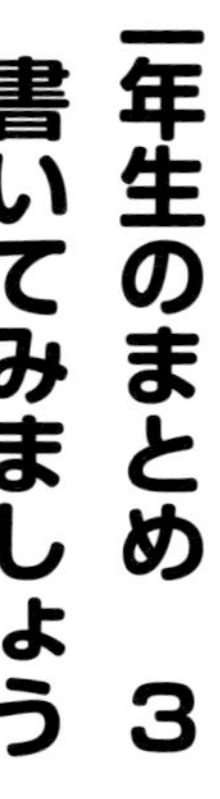

こたえは80ページ

二年生のまとめ　4
書いてみましょう

月　日

1つ10てん

／100てん

・〰〰は、かん字と　ひらがなで　書きましょう。

① アフリカで　つかわれている　［げんご］。

② お寺の　にわの　［ふるいけ］。

③ ［きょうしつ］に　入る。

④ ［じもと］の　人。

⑤ ［たいりょく］じまんの　［きょうだい］。

⑥ ［こうはん］に　［どうてん］に　おいつく。

⑦ 夏休みの　ことを　［おもう］。

⑧ 今年の　冬は　雪が　［すくない］。

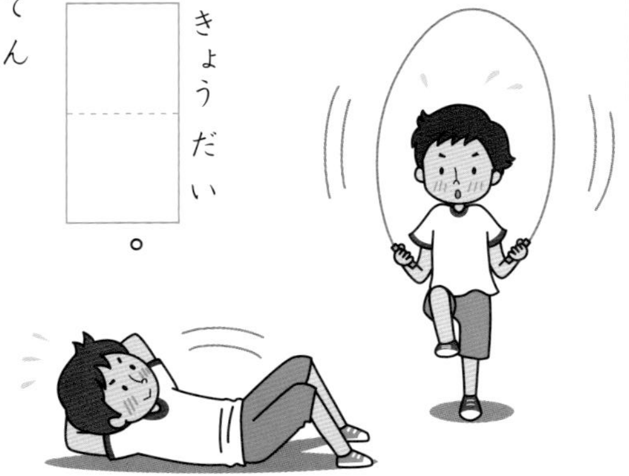

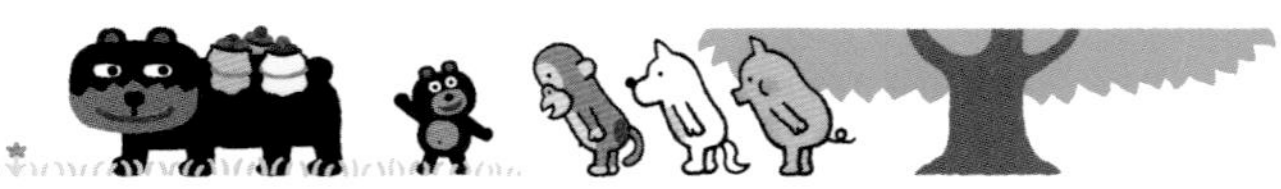

答えは80ページ

二年生のまとめ 5 書いてみましょう

月　日

1つ10点

／100点

・～～～は、かん字と　ひらがなで　書きましょう。

① ［　　］（たかだい）に　つづく　［　　］（ほそみち）。

② 太ようの　まぶしい　［　　］（こうせん）。

③ ［　　］（こうばん）の　まえを　通る。

④ 明日（あす）の　［　　］（ごぜん）は　雨だ。

⑤ ［　　］（ちゅうしょく）の　［　　］（じかん）。

⑥ ［　　］（ほこう）しゃ用の　どうろ。

⑦ 町は　人が　～おおい～〔　　　〕。

⑧ きかいの　こしょうが　～なおる～〔　　　〕。

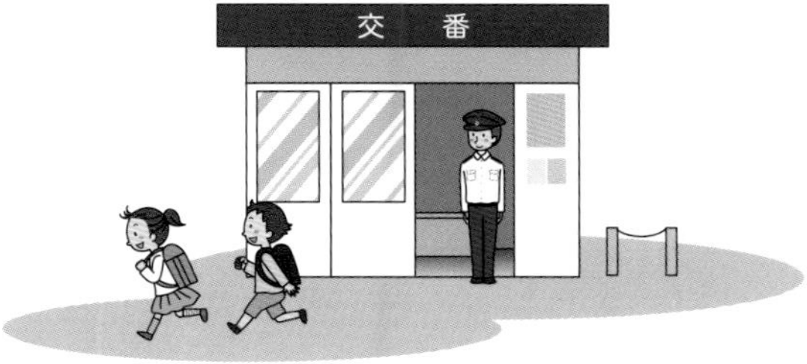

答えは80ページ

二年生のまとめ 6 書いてみましょう

月　日

10ぷん　1つ10点　／100点

・〜〜〜は、かん字と　ひらがなで　書きましょう。

① □□（まいあさ）、□□（しんぶん）を　見る。

② テストの　とうあん　□□（ようし）。

③ □□（しでん）が　走る　町。

④ □□（じぶん）の　かばん。

⑤ □□（ふぼ）の　□□（おやごころ）。

⑥ □□（さんすう）の　べん強を　する。

⑦ 小学校に　〔かよう〕。

⑧ まとに　矢を　〔あてる〕。

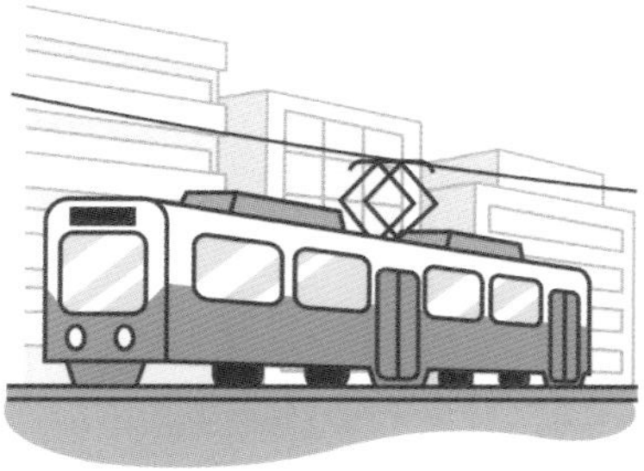

答えは80ページ

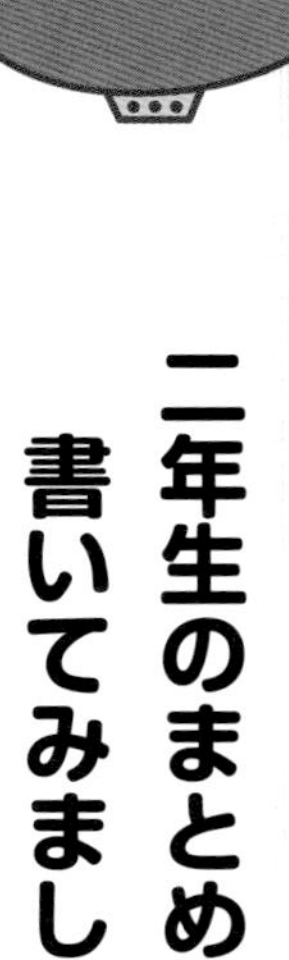

二年生のまとめ　7　書いてみましょう

月　日

1つ10点

／100点

10ぷん

・〜〜〜は、かん字と　ひらがなで　書きましょう。

①［　　］（むぎちゃ）を　のみながら［　　］（ながばなし）する。

② えん日で［　　］（よみせ）が　出る。

③［　　］（どくしょ）が　すきだ。

④［　　］（らいしゅう）の　よてい。

⑤［　　］（とりにく）を［　　］（ばいばい）する。

⑥ 町を［　　］（なんぼく）に　走る　道。

⑦ かみの　毛の　色が　〜くろい〜［　　　　］。

⑧ 年が　〜あける〜［　　　　］。

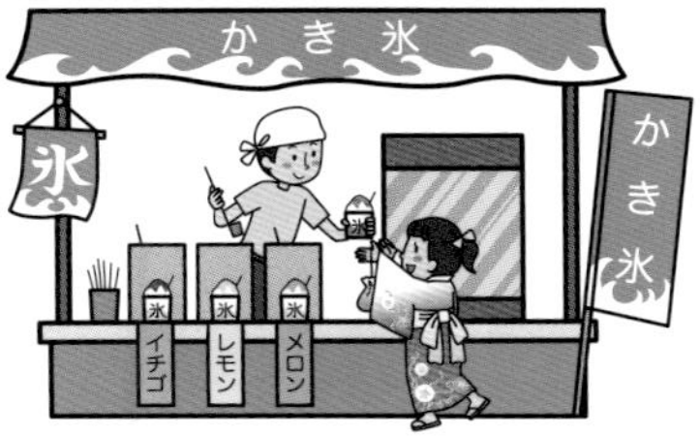

答えは80ページ

◇〈読んでみましょう〉の答えは〈書いてみましょう〉に、
〈書いてみましょう〉の答えは〈読んでみましょう〉にあります。

やってみましょう 1

27ページ

1 (1)か (2)なに (3)がいこく
(4)たの

2 (1)牛 (2)交 (3)海水 (4)校歌

3 (1)遠・細 (2)会・合
（3は じゅんじょ なし）

やってみましょう 2

28ページ

1 (1)かん (2)がんじつ (3)かたち
(4)にかい

2 (1)歌 (2)光 (3)今月 (4)兄

3 (1)①強 ②教 (2)①国 ②黒

やってみましょう 3

57ページ

1 (1)しん (2)ずこう (3)かず
(4)ごぜん

2 (1)市長 (2)紙 (3)親切 (4)読

3 (1)①新しい ②古い
(2)①多い ②少ない

やってみましょう 4

58ページ

1 (1)ほんとう (2)ひがし (3)うち
(4)すいどう

2 (1)兄弟 (2)通学 (3)夕食 (4)船

3 (1)①場 ②地 (2)①作 ②体

やってみましょう 5

71ページ

1 (1)きょうふう (2)にふん
(3)ゆうがた (4)く

2 (1)電話 (2)夜中 (3)聞 (4)買

3 (1)歩 (2)聞 (3)鳴 (4)明

二年生のまとめ 1

72ページ

①何羽 ②星雲 ③楽園・野原
④理科 ⑤歌声・方角 ⑥会計
⑦遠い ⑧走る

二年生のまとめ 2 73ページ

①合図 ②絵画 ③戸外 ④丸太
⑤近海・汽船 ⑥岩場・西風
⑦記す ⑧広げる

二年生のまとめ 3 74ページ

①強弱 ②帰国 ③顔色 ④回答
⑤東京・秋晴 ⑥工作・弓矢
⑦考える ⑧止める

二年生のまとめ 4 75ページ

①言語 ②古池 ③教室 ④地元
⑤体力・兄弟 ⑥後半・同点
⑦思う ⑧少ない

二年生のまとめ 5 76ページ

①高台・細道 ②光線 ③交番
④午前 ⑤昼食・時間 ⑥歩行
⑦多い ⑧直る

二年生のまとめ 6 77ページ

①毎朝・新聞 ②用紙 ③市電
④自分 ⑤父母・親心 ⑥算数
⑦通う ⑧当てる

二年生のまとめ 7 78ページ

①麦茶・長話 ②夜店 ③読書
④来週 ⑤鳥肉・売買 ⑥南北
⑦黒い ⑧明ける

3 2 1 0 9 8 7 6 5 4 ＊ ＊ D C B A